बुद्ध और बुद्धत्त्व

बुद्ध और बुद्धत्त्व

आर० एस० रमन

भारतीय कला प्रकाशन
दिल्ली (भारत)

प्रथम संस्करण : २००३

प्रकाशक : **सी०पी० गौतम**
भारतीय कला प्रकाशन,
३४२१-ए, द्वितीय तल, नारंग कालोनी, त्रीनगर,
दिल्ली-११००३५ फोन : २७१५३०८३

ISBN : 81-9090-014-2

लेजर टाइप सेटिंग :
ए-वन ग्राफिक्स,
एक्स-४, गली नं० २, ब्रह्मपुरी,
दिल्ली-११००५३ फोन : २२१८३४७०

मुद्रक : सन्तोष ऑफसेट प्रेस,
दिल्ली

BUDDHA AUR BUDDHATTVA
(A Book of Poetry)

By R.S. Raman **Price : Rs. 200.00**

—: समर्पण :—

तरुण भिक्षु जब बुद्ध प्रशासन की सेवा में रत हो!
मेघ-बिहीन चंद्रमा जैसा पथ पर बढ़े उदित हो!!
गौतम के अष्टांग मार्ग का मन से करे अनुशरण!
ऐसे भिक्षु प्रवर को मेरा सादर काव्य समर्पण!!

अनुक्रमणिका

प्राक्कथन

प्रस्तुत महाकाव्य "बुद्ध और बुद्धत्त्व" श्री आर.एस. रमन के उर्वर मस्तिष्क की एक अनुपम उपज है जो मुख्य रूप से उनके भगवान बुद्ध के प्रति असीम अनुराग तथा बोधिसत्त्व बाबा साहिब डॉ० भीम राव अम्बेडकर के प्रति अटूट श्रद्धा का प्रतीक है । यह महान कृति डॉ० अम्बेडकर द्वारा रचित ग्रन्थ-रत्न 'बुद्ध और उनका धम्म' के मूल स्वरूप पर आधारित है । वास्तव में किसी धर्म दर्शन को जन-जन तक संप्रेषित् करने का सबसे सशक्त एवं सरल माध्यम काव्य ही माना जाता है ।

वैसे तो इस संसार में अनेक कवियों तथा महाकवियों का प्रादुर्भाव हुआ है, लेकिन बौद्ध जगत में उनकी संख्या प्राय: नगण्य है । संस्कृत भाषा की काव्य परम्परा में उदित प्रात: स्मरणीय महाकवि अश्वघोष के बाद हिन्दी भाषा की काव्य परम्परा में श्री रमन का एक अद्वितीय स्थान है । मुझे आशा ही नहीं बल्कि पूर्ण विश्वास है कि आने वाले समय में यह महान कृति "बुद्ध और बुद्धत्त्व" महाकवि अश्वघोष के महाकाव्य 'बुद्धचरित' की तरह ही बौद्ध धर्म, संघ और समाज में सम्मानित एवं उपयोगी सिद्ध होगी ।

इस महाकाव्य की भाषा सरल, सुबोध, परिमार्जित तथा सारगर्भित है और इसकी शैली बोधगम्य है । इसमें काव्य-कला, काव्य-सौष्ठव, काव्य-कौशल तथा काव्य-दिग्दर्शन सहज ही परिलक्षित हो रहा है क्योंकि यह सब उनके सार्थक, समर्पित एवं सुकोमल हृदय के उद्‌गार हैं । जिस निष्ठा और परिश्रम से उन्होंने इस बहुमूल्य महाकाव्य की रचना की है वह निश्चित रूप से हमारे धर्म गुरु परम पूज्य स्वामी प्रेमराज जी बौद्ध की प्रेरणा का ही प्रतिफल है । भाई रमन के इस

महाकाव्य के प्राक्कथन के दो शब्द लिखने का मुझे जो सौभाग्य प्राप्त हुआ है उससे मैं अपने आप को अत्यन्त गौरवान्वित अनुभव कर रहा हूँ ।

मैं आशा करता हूँ कि ये निरन्तर इसी प्रकार के अनेक धर्म ग्रन्थों का प्रणयन करते रहेंगे ताकि बौद्ध धर्म, संघ और समाज का यथेष्ट मार्ग-दर्शन हो सके तथा इनकी बहुविधि वृद्धि-समृद्धि के साथ लोक हित और शान्ति की स्वस्थ परम्पराएं प्रतिस्थापित हो सकें ।

अंततः मैं इस बात को निसंकोच कह सकता हूँ कि विभिन्न भाषाओं के अलावा हिन्दी में पूज्य चरण भदन्त आनंद कौसल्यायन जी द्वारा अनुवाद किए जाने के बाद बोधिसत्त्व बाबा साहिब डॉ० भीमराव अम्बेडकर का पवित्र ग्रन्थ 'बुद्ध और उनका धम्म' घर-घर में प्रसारित हो चुका है, लेकिन इसके आधार पर श्री रमन द्वारा काव्यात्मक रूप प्रस्तुत करने के बाद यह जन-जन में लोकप्रिय एवं परिचर्चित होगा ।

जी. प्रसाद
पूर्ववर्ती निदेशक
'सुषमा सदन'
एफ-२४/१९८, सैक्टर-३,
रोहिणी, दिल्ली-११००८५

मन की बात

बौद्ध धर्म के प्रणेता महात्मा बुद्ध ने संभवत: कभी सोचा भी नहीं होगा कि कालान्तर में इस धर्म में भी अनेक विसंगतियाँ उत्पन्न कर दी जायेंगी । महात्मा बुद्ध ने महापरिनिर्वाण के समय उपस्थित भिक्षुओं से कहा था-संसार में सत्य कदम-कदम पर बिखरा पड़ा है । जहाँ भी सत्य मिले उसे अपने धर्म में जोड़ते जाओ ।

उनका धर्म लचीला है । महात्मा बुद्ध ने अपने आपको भगवान भी नहीं कहा है । शायद इसी का अनधिकृत लाभ उठाकर इस धर्म को हीनयान, महायान और बज्रयान जैसे हिस्सों में विभाजित कर दिया गया । इन तीनों प्रकार के बौद्धावलम्बियों की धारणायें अलग-अलग हैं । जबकि धर्म में किसी भी प्रकार का मतभेद होने पर महात्मा बुद्ध ने 'संघायन' की व्यवस्था की है । संघायन अर्थात् विद्वानों के संघ को परस्पर विचार-विमर्श कर धर्म के मतभेद दूर करने का अधिकार प्राप्त है ।

इसी प्रकार की छठवीं संघायन ढाई हज़ारवीं बुद्ध जयन्ती के अवसर पर बर्मा (म्यांमार) की राजधानी रंगून में १७ मई १९५४ से १७ मई १९५६ तक आयोजित की गई थी । इसका आयोजन तत्कालीन बर्मा के प्रधान मंत्री श्री ऊ नू ने करवाया था, जो इसके अध्यक्ष भी थे । इस संघायन में बर्मा के २४७३ तथा अन्य बौद्ध धर्मावलम्बी देशों के १४४ भिक्खुओं ने भाग लिया था । इस संघायन में श्रीलंका के पूज्य भदन्त आनन्द मैत्रेया तथा पूज्य भिक्खु कीरीवात्तुदूवेसीरी पन्नासारा नायक थेरा, अखिल त्रिपुरा राज्य बौद्ध संघ के पूज्य भिक्खु आर्या मित्रा, चित्ता गोंग के पूज्य भिक्खु दीपांकरा श्रीजन थेरा, वियतनाम के पूज्य भिक्खु नागाथेरा तथा बुद्धापाला थेरा और भारत (नालन्दा) के पूज्य भिक्खु

जिनन्दा तथा भारतीय महाबोधि सभा के पूज्य पंडित एच. सद्धातीस्सा थेरा प्रमुख उच्चकोटि के बौद्धधर्म के विशेषज्ञ विद्यमान थे जिन्होंने बौद्ध धर्म में उत्पन्न विसंगतियाँ दूर करने के लिए विचार विमर्श किया और बौद्धधर्म को एक नया आयाम दिया।

बाबा साहिब डॉ० भीमराव अम्बेडकर ने इस संघायन में भारतीय प्रतिनिधि के रूप में भाग लिया था और वहाँ उपस्थित बौद्ध विद्वानों के बीच न केवल यह कह दिया था, बल्कि सिद्ध भी कर दिया था कि बौद्ध धर्म को केवल भारतीय मस्तिष्क ही अच्छी तरह समझ सकता है। इसी का प्रमाण है उनकी अँग्रेज़ी भाषा में लिखी अमरकृति 'बुद्ध एंड हिज़ धम्म' (बुद्ध और उनका धम्म) जिसका हिन्दी अनुवाद भदन्त आनन्द कौसल्यायन जी ने बड़ी खूबसूरती से किया है ।

भगवान बुद्ध ने स्वयं बौद्ध धर्म को 'सांदृष्टिक धम्म' कहा है- "स्वाक्खातो भगवताधम्मो संदिटठको, एहिपिस्को, ओपनयिको, पच्चत्तं वेदितबोञ्ञू वि हिति" ।

अर्थात भिक्खुओ! यह धर्म अच्छी तरह समझाकर कहा गया है, यह सांदृष्टिक है, यह अकालिक है, इसके बारे में कहा जा सकता है कि आओ और स्वयं देखलो यह ऊपर उठाने वाला है और प्रत्येक विज्ञ इसका स्वयं साक्षात् कर सकता है ।

हमारे जीवन पर बौद्ध धर्म का प्रभाव बचपन से पड़ा है । महाबोधि सोसायटी, सारनाथ उ०प्र० से प्रकाशित होने वाली मासिक हिन्दी पत्रिका 'धर्मदूत' भी मैं खूब पढ़ता रहा हूँ। जब मैं तीसरी कक्षा का विद्यार्थी था तब मैंने जीवन की पहली कविता बौद्ध धर्म से प्रभावित होकर ही लिखी थी जिसमें सुजाता पुत्र प्राप्ति के बाद तपस्वी सिद्धार्थ को पीपल देव समझ कर खीर खिलाती है। खीर खाने के बाद ही सिद्धार्थ महात्मा बुद्ध बन गये थे ।

बाबा साहिब डॉ० भीमराव अम्बेडकर की कथित पुस्तक में महात्मा बुद्ध के वंश, परिवार तथा उनके जन्म से लेकर महापरिनिर्वाण तक की विस्तृत कहानी है जिसे बाबा साहिब ने प्रामाणिकता के साथ अथक

परिश्रम से लिखा है । इस पुस्तक में सिद्धार्थ को बूढ़े, बीमार तथा मुर्दे को देखकर वैराग्य की ओर दौड़ने की घटनाओं को एकदम नकार दिया गया है जो एकदम ठीक भी है । सिद्धार्थ तो शाक्यों तथा कोलियों के बीच नदी के पानी पर उठे विवाद के कारण दु:खी हुए । संघ के निर्णय के अनुसार शाक्य कोलियों से युद्ध करना चाहते थे । सिद्धार्थ ने इसका विरोध किया तो संघ ने नियमानुसार सिद्धार्थ को 'देश निकाला' की सज़ा सुना दी । इस नियम के तहत उनको प्राणदंड भी दिया जा सकता था।

परिणामत: सिद्धार्थ अपने परिवारीजनों से आज्ञा लेकर घर-परिवार छोड़ कर चले गये । उनको लगा कि संसार में दु:ख ही सबसे भयंकर कष्ट है जो प्राणी को सुखी नहीं रहने देता । अत: दु:ख का कारण तथा उसके विनाश का मार्ग खोजने के लिए वह तत्कालीन अनेक दार्शनिकों तथा विद्वानों से मिले । परन्तु उनको संतुष्टि नहीं मिली । उन्होंने घोर तपस्या करके शरीर को कष्ट भी दिया । परन्तु इससे भी उनको शान्ति नहीं मिली । अंतत: यकायक उनको ज्ञान प्राप्त हुआ । उन्होंने 'मार विजय' की और बौद्ध धर्म की खोज कर मानव कल्याण के लिए एक नये पथ का निर्माण किया ।

महात्मा बुद्ध ने स्वयं को न तो ईश्वर का अवतार कहा और न ईश्वर का दूत अथवा ईश्वर का पुत्र । उन्होंने कहा कि मैं भी आम आदमी हूँ और कोई भी आदमी बुद्ध बन सकता है ।

बौद्ध धर्म पूरी तरह वैज्ञानिक धर्म है । 'अष्टांगिकमार्ग' तथा 'पंचशील' इसके दो प्रमुख आधार हैं जिनका अनुशरण करने से दु:खों का नाश हो जाता है ।

हमारी इस काव्यकृति का मूल आधार 'बुद्ध एंड हिज़ धम्म' (बुद्ध और उनका धम्म) ही है । हमने काव्य कृति को सरल, सरस, सुग्राह्य एवं मर्मस्पर्शी बनाने का प्रयास किया है । बौद्ध धर्मावलम्बियों के अलावा अन्य लोग भी इस पुस्तक से शायद कुछ ग्रहण कर सकेंगे-ऐसा हमारा विश्वास है । पुस्तक में सिद्धार्थ अथवा महात्मा बुद्ध का अन्य विद्वानों के साथ शास्त्रार्थ महत्वपूर्ण है जिसके बारे में पाठकों की अपनी सोच कुछ भी हो सकती है-वे इसके लिए पूरी तरह स्वतंत्र भी हैं ।

इस पुस्तक के लिखने के लिए आदरणीय भाई जी. प्रसाद ने हमें सदैव उत्साहित किया है । पुस्तक प्रकाशन के लिए भी उन्होंने हमें खूब उकसाया है । हम उनके हृदय से आभारी हैं ।

एक बार हमारी अनेक पांडुलिपियों, कुछ पुस्तकें, फुटकर अनेक कविता-कहानियां, आलेख आदि का ढेर एक लकड़ी की आलमारी में दीमक ने पूरी तरह खा डाला था जिसमें सारा लेखन नष्ट हो गया था, परन्तु इस पुस्तक की पांडुलिपि के सत्तर पन्ने (उस समय तक इतने ही लिखे थे) साफ बच गये थे । इस पुस्तक को लिखने के लिए श्रीलंका के पूज्य भिक्खु एस. विजीता धम्मा (जो एक लम्बे समय तक आकाशवाणी के विदेश प्रसारण सेवा प्रभाग दिल्ली में उद्घोषक/अनुवादक रहे) ने हमें खूब प्रोत्साहित किया । इसके साथ ही बर्मा के पूर्व प्रधानमंत्री श्री ऊ नू की सुपुत्री श्रीमती तॅन तॅन नू तथा उनके पति श्री ऊ आँ नयेंन ने बर्मा में आयोजित संघायन के विषय में प्रामाणिक जानकारी उपलब्ध करवाई । भारतीय कला प्रकाशन के संस्थापक श्री सी.पी. गौतम ने यह पुस्तक अटूट श्रद्धा एवं लगन से प्रकाशित करने में हमें भरपूर सहयोग दिया। हम इन सबके हृदय से आभारी हैं ।

बहरहाल पुस्तक आपके हाथ में है । हमसे जैसा भी बन पड़ा है- लिखा है । कैसा लिखा है और कितना मानव के लिए कल्याणकारी है-इसका निर्णय तो आप स्वयं ही करेंगे ।

आर.एस. रमन

जनवरी सन् २००३
दिल्ली

जैड-४२७ ए, सैक्टर-१२, नौएडा,
गौतमबुद्ध नगर- २०१३०१
फोन. ९५१२०-२५३३४२३
९५१२०-२५३८३६७

लेखनी चल भारत की ओर ।
जहाँ समता-मैत्री की डोर ।।
समय छः सौ ईसा से पूर्व ।
देश का था इतिहास अपूर्व ।।

सैकड़ों राज्य क्षेत्र थे यहाँ ।
राज्य करते थे राजन जहाँ ।।

जयति जय-भारत देश महान ।
जहाँ अवतरे बुद्ध भगवान ।।
देख धरती पर मानव क्लांति ।
खोज कर लाये अद्‌भुत शांति ।।

विश्व सागर की लेकर थाह ।
बनाई संयत मध्यम-राह ।।
प्रज्ज्वलित किया दीप-विज्ञान ।
जयति जय-जय गौतम भगवान ।।

तत्कालीन राज्य

राज्य थे अनेक-
अँग, काशी, कम्बोज, मल्ल
मत्स्य, मगध सौरसेन,
अष्मक, पञ्चाल, वज्जि,
कोशल, चेदि, वत्स, कुरु, अवन्ति और गंधार
शासन था राजतंत्र हर एक राज्य में,
इसलिए हर एक राज्य 'जनपद' कहलाता था ।
केसपुत्त, रामगाम, अल्लकप्प, पिप्पलवन,
पावा, कुशीनारा, कपिलवस्तु, सिंसुमार गिरिं,
मिथिला, कलिंग, बैशाली-विस्तृत राजधाम थे ।
इन समस्त राज्यों में-
कोई भी एक पुरुष
राजा नहीं होता था-किसी एक राज्य का ।
प्रजा शीलवान-गुणी-श्रेष्ठ और सेवीजन
प्रतिनिधि निर्वाचित कर
स्वयं राज्य करती थी-संयम औ' ज्ञान से
अतः सभी राज्य क्षेत्र 'संघ' कहे जाते थे ॥

पूर्व-उत्तर भारत की ओर ।
जहाँ बिखरे हिमगिरि के छोर ॥
सुखद-रमणीक-सौम्य हर ठाँव ।
व्याप्त कण-कण में शीतल छाँव ॥
गहन नदियों के कल-कल गान ।
महकते वृक्ष-बाग-उद्यान ॥

मनोहर झरनों का संगीत ।
भूलता मानव जहाँ अतीत ।।
आम्र, कदली, कदम्ब, अखरोट ।
चीड़, सागौन, नीम, हिंगोट ।।
आह! ये ऊँचे सुन्दर शाल ।
झूमते जिनके चंचल भाल ।।
गुलमुहर, गुलमेंहदी, गुलखैर ।
रहे हैं जिन पर भंवरे तैर ।।
महकते बेला, जुही, फुलेल ।
केतकी औ' पलाश के खेल ।।
विहँसती कामनीय कचनार ।
कर रही कली-कली शृंगार ।।
गारही सुरभित गीत बयार ।
पुष्प करते हँस-हँस अभिसार ।।
नृत्य करते मयूर सहजोर ।
थिरकते चकवी और चकोर ।।
कोकिला छेड़ रही मधु तान ।
गा रहे चातक पी-पी गान ।।
उड़ रहे हँस-काग इकसार ।
देश हो तेरी जय-जयकार ।।
कहीं पर अश्व कहीं वनराज ।
कहीं करते किलोल गजराज ।।
दौड़ते सूकर पवन समान ।
भेड़िये गाते उच्छल गान ।।
उछलते हिरण ब्यूह स्वच्छन्द ।
खा रहे मूल-फूल, फल-कंद ।।
अनोमा सरिता का शुभ तीर ।
सिंह औ' गाय पी रहे नीर ।।
अहिंसा सत्य-अभय वरदान ।
जयति जय-जय गौतम भगवान ।।

कपिलवस्तु

यहाँ थे सुन्दर नगर अनेक ।
उन्हीं में कपिलवस्तु था एक ।।
सुघर उत्तम-उज्ज्वल रमणीक ।
शान्ति-संयम का श्रेष्ठ प्रतीक ।।
महल-उपमहल भवन-प्रासाद ।
उच्च तोरण थे, मुक्त-विषाद़ ।।
तृप्त था हर घर-आँगन-द्वार ।
नहीं था कोई बोझिल भार ।।
शाक्य-जन बराते थे चहुँओर ।
लिये नयनों में नवलित भोर ।।
प्रजा-राजा थे यहाँ समान ।
एक जैसा था सबका मान ।।
मात्र प्रतिनिधियों का था संघ ।
नहीं जो हो सकता था भंघ ।।
बीस वर्षीया शाक्य कुमार ।
संघ का बनता था आधार ।।
यही था इस शासन का रूप ।
जहाँ थे प्रजावत्सली भूप ।।

❋

सिद्धार्थ परिकर

शाक्य जयसेन-
कपिलवस्तु का निवासी था
सिंह-हनु इसी का पुत्र-
पला-बढ़ा चाव से ।
फिर हुआ विवाह-
एक युवती कच्चाना से
पुत्र हुए पांच तब-
शुद्धोदन, धोतोदन, शुक्लोदन, शाक्योदन और एक अमितोदन
दुहितायें और दो-अमिता और प्रमिता बस ।
कपिलवस्तु के समीप
नगरी थी देवदह
कोलिय वंशीय मनुज मगन जहाँ रहते थे ।
अञ्जन-सुलक्षणा
वहीं के पति-पत्नी थे
जिनकी माया, प्रजापति
दो ही थीं सुपुत्रियां
हो गया विवाह-
शुद्धोदन का दोनों से,
क्योंकि वह अपार भूमि-सम्पति का स्वामी था,
वीर था, गुणी था, बलवान, रूपवान और
कपिलवस्तु संघ का-
प्रधान प्रत्याशित भी ॥

आषाढ़ी पर्व

चलो सब हो जाओ तैयार ।
नवल प्रभाती लिए आ गया, आषाढ़ी त्यौहार ॥
धारण कर कार्षापण अनुपम,
आभूषण अनिवार्य सुगमतम,
ढोल और मंजीर बजाओ, गाओ मेघ-मल्हार ॥
सजाओ गज उन्नत अम्बार,
बाजि, रथ, रभ्भे सब इकसार,
झूम-झूम कर बोलो निर्भय, धरती की जयकार ॥

वीर शुद्धोदन का संदेश ।
प्रजा के लिए बना आदेश ॥
चले सब राजभवन की ओर ।
छा गया चहुँदिश मंथर-शोर ॥
सुरा औ' मेरय का परित्याग ।
मुक्त-उनमुक्त प्रकृति के राग ॥
सप्तदिवसीय पर्व स्वच्छन्द ।
मिला सबको अतुलित आनन्द ॥
अन्त में हुआ पर्व जब अन्त ।
बुलाये गये गुणी बहु सन्त ॥
महामाया ने सह-सम्मान ।
किया बहु अन्न-वस्त्र का दान ॥

स्वप्न

सोगई माया जब उस रात ।
स्वप्न देखा अद्‌भुत अज्ञात ॥
नयन जब खुले उठी चुपचाप ।
मृदुल हँस बोली, ''सुनिये आप ॥
आज का अद्‌भुत स्वप्न अनूप ।
सुनो हे! कपिलवस्तु के भूप'' ॥
हाथ में ले रानी का हाथ ।
''बताओ'' वह बोला नरनाथ ॥
''स्वप्न में मैं सोई थी जहाँ ।
चतुर्दिक देव आ गये वहाँ ॥
उठाकर मुझको शैया सहित ।
ले गये दूर कष्ट दुख रहित ॥
श्वेत चंदन-सा वह था देश ।
समझलो जिमि हिमवंत प्रदेश ॥
शाल तरु वहाँ खड़ा था एक ।
देवियाँ भी थी वहाँ अनेक ॥
गईं वे लेकर अपने साथ ।
तीर पहुँची सरवर के नाथ ॥
मुझे करवा रुचिकर इस्नान ।
सुघर पहनाये नव परिधान ॥
सुगंधित तैल इत्र औ' फूल ।
सजाया अँग-अँग अनुकूल ॥
तभी आया कोई निष्पाप ।
और धीरे से बोला, ''आप ॥

सुनो, मेरा सुमेध है नाम ।
और हूँ बोधिसत्त्व निष्काम ।।
जन्म, मैं इस धरती के द्वार ।
ले रहा हूँ बस अंतिम बार ।।
बनोगी क्या तुम मेरी मात" ?
"बनूंगी" मैंने कहा हटात्" ।।

O

स्वप्न व्याख्या

सुखद सुनकर रानी के वचन ।
चमकने लगे भूप के नयन ।।
दूसरे दिन प्रातः साभार ।
बुलाये स्वप्न व्याख्याकार ।।
राम, ध्वज, लक्ष्मण, भोज, सुयाम ।
सुदत, मंत्री, कोडञ्ञ-सुनाम ।।
अष्ट थे पंडित उत्तम योग्य ।
भूप ने दिए उन्हें सुख भोग्य ।।
शहद, घृत, वस्त्र, अन्न कर दान ।
किया उनका अतिशय सम्मान ।।
स्वप्न कह बोला भूप सहर्ष ।
"कहो क्या बन सकता निष्कर्ष" ।।
योग कर ग्रह नक्षत्रिक योग ।
साध कर जन्म-घड़ी-संयोग ।।
शास्त्र-दर्शन-ज्योतिष-विज्ञान ।
एक संग सबका किया मिलान ।।
"धन्य हैं भाग्य आपके धन्य ।
धन्य यह मही, विश्व यह धन्य ।।
धन्य यह देश, धन्य यह धाम ।
धन्य है महाराज का नाम ।।
धन्य माया रानी बहुबार ।
जनेगी अनुपम राजकुमार ।।
गगन पर जैसे चंदा-अरुण ।
धरा पर जैसे पावन वरुण ।।

आपका ऐसा होगा पुत्र ।
मिलेगा जिसे सुयश सर्वत्र ।।
महल में रहा, करेगा राज ।
बनेगा महाराज अधिराज ।।
अन्यथा बनकर साधू शुद्ध ।
विश्व में कहलायेगा बुद्ध'' ।।
एक स्वर में बोले विद्वान ।
जयति जय-जय गौतम भगवान ।।

महामाया का पितृगृह गमन

मास दस बीत गये क्रमवार ।
तभी माया ने किया विचार ।।
प्राप्त कर निज प्रिय का आदेश ।
चली जाऊँ माता के देश ।।
पूर्ण कर सारे अपने काज ।
मृहल जब पहुँचा नरपतिराज ।।
मृदुल हँस रानी गई समीप ।
बैठ कर बोली, "सुनो महीप ।।
आपका हो यदि शुभ आदेश ।
चली जाऊँ माता के देश" ।।
अधर फड़के मुसकाये नयन ।
कहे राजा ने मधुरिम वचन ।।
"अगर हो तुम्हें न कोई क्लेश ।
चली जाओ माता के देश" ।।

●

गई वह रात हो गया भोर ।
चमकने लगा अरुण चहुँओर ।।
सजे रथ रभ्भे अपरम्पार ।
पालकी, अश्व, हस्ति-अम्बार ।।
स्वर्ण पलकी रत्नित शृंगार ।
रेशमी जिस पर छये उघार ।।
संवर-सज कर रानी जब चली ।
नगर की उमड़ पड़ी हर गली ।।

नृपति के छूकर पावन चरण ।
पालकी करली उसने वरण ।।
उठा कर पलकी चले कहार ।
गूंजने लगे ऊर्ध्व जयकार ।।
दासियाँ-दास चले बहु साथ ।
नवा शुद्धोदन को निज माथ ।।
चलाचल चले प्रफुल्लित लोग ।
सुखद यात्रा का वैभव भोग ।।
देवदह की सीमा के पास ।
कहा रानी ने सहित हुलास ।।
"देख लो, प्रियजन नव-उन्मान ।
यही है वह लुम्बिन उद्यान ।।
करो कुछ घड़ी यहीं विश्राम ।
ताकि हो यात्रा सफल विराम" ।।
सभी ने समझी आज्ञा ठीक ।
क्योंकि वह वन था अति रमणीक ।।
सुगंधित पुष्प मलयगिरि पवन ।
शीत-मधु-छाँव सँजोये सपन ।।
पक्षियों के सरगम से गान ।
और भंवरों की भन-भन तान ।।
कहीं कचनार कहीं पर बेल ।
कहीं कलियों के गुपचुप खेल ।।
बिछे धरती पर अनगित फूल ।
धूल हो जैसे चंदन धूल ।।
कर रहे शावक मृग किल्लोल ।
बोल कर मीठे-मीठे बोल ।।
सरोवर थी समीप शुभ शान्त ।
गहन जल राशि अथिर उदान्त ।।

बुला सेवक रानी ने कहा ।
"अरे! वह शान्त कुंज क्या अहा ।।
तुरत तनवादो तम्बू वहाँ ।
झुके दो शाल वृक्ष हैं जहाँ" ।।
हुआ आज्ञा पालन तत्काल ।
तन गया तम्बू झिलमिल लाल ।।
लगी रानी करने विश्राम ।
तथागत जय-जय-जय निष्काम ।।
झुकी इक शाल वृक्ष की डाल ।
उसे गह रानी हुई निहाल ।।
पेंग झूले जैसी वह झूल ।
गई फिर अपनी सुधि-बुधि भूल ।।

सिद्धार्थ का जन्म

यकायक उठी प्रसव की पीर ।
हो गई रानी तब गंभीर ।।
हुआ उत्पन्न पुत्र दुतिमान ।
जयति जय-जय गौतम भगवान ।।
पांच सौ त्रेसठ ईसा पूर्व ।
हुई यह घटना अमिट अपूर्व ।।
दिवस बैसाख पूर्णिमा पुन्य ।
हो गई वसुंधरा यह धन्य ।।
सुना राजा ने जब सन्देश ।
दिया सेवक को तब आदेश ।।
"न अब रानी जायेगी कहीं ।
बुलाकर लाओ उसको यहीं" ।।
श्रवण कर प्रिय का शुभ आदेश ।
न रानी गई पिता के देश ।।
लौट आई वह अपने धाम ।
किये राजा ने फिर शुभ काम ।।
सजाया नगर गया संभ्रान्त ।
प्रफुल्लित हुए चतुर्दिक प्रान्त ।।
बज उठे ढोल ढमक ढम ढाम ।
थिरकने लगे सभी के पाम ।।
बजे मंजीर खनाखन खन्न ।
पायलें छमक उठी छम छन्न ।।

रमणियां गाने लगीं प्रवीन ।
बज उठी ऊँचे सुर में बीन ।।
धेनु, गज, बाजि, भोज्य औ 'वस्त्र ।
रतन, आभूषण, अस्त्राशस्त्र ।।
कनक, कंचन रजतादि अमोल ।
दान भूपति ने किया अतोल ।।
झांकने लगे अमरपुर जन्य ।
धन्य जय बोधिसत्व प्रभु धन्य ।।

गीत

सुनो सखि गाओ मंगल गान ।
शाक्यराज घर आज अवतरे–
मगन मुदित भगवान ।।
सुनो सखि गाओ मंगल गान ।।

कंचन जैसा तन अनुरंजित,
पूर्ण चन्द्र जैसा मुख मण्डित,
अविरल रूप, अमोघ प्रखण्डित,
नयन विशाल नील नीरज सम–
भौंहें कसी कमान ।।
सुनो सखि गाओ मंगल गान ।।

उन्नत भाल ऊष्य-अधरापट,
सर्पिल बाहु केहरी-कटि-तट,
संयत-शान्त अपार निष्कपट,
दिव्य दीप्ति अद्भुत आभामय–
सत्य - निष्ठ - विज्ञान ।।
सुनो सखि गाओ मंगल गान ।।

मृदुल मनोहर जनप्रिय अनुपम,
सुन्दर-सुखद-सुयोग्य-ज्योतिसम,

शुक्र, ब्रह्म, सुरगण से उत्तम,
चाह यही बस देखूँ उनको–
प्राण करूँ बलिदान ॥
सुनो सखि गाओ मंगल गान ॥

*

असित ऋषि आगमन

हिमालय की सुकन्द में एक ।
असित ऋषि बसते थे सदनेक ।।
यकायक सुन अनुरंजित शोर ।
ऋषीश्वर गये बाह्य पथ ओर ।।
शून्य लख सारा वातावरण ।
असित ने किया दिव्य आचरण ।।
निरीक्षित कर सारी-संसृष्टि ।
उठाई ऊपर अपनी दृष्टि ।।
गगन पर मची हुई थी धूम ।
देव जन नाच रहे थे झूम ।।
बोल कर ऊँचे जय-जयकार ।
विविध पुष्पों की कर बौछार ।।
देवियाँ पहन पीत परिधान ।
गा रहीं थी जय मंगल-गान ।।
सोचने लगे असित क्यों आज ।
प्रफुल्लित सारा देव समाज ।।
दृष्टि दौड़ाई पुनः प्रदिव्य ।
यकायक देखा कौतुक भव्य ।।
आह! यह कपिलवस्तु सुखधाम ।
यहाँ अवतरित हुए निष्काम ।।
सर्व सम्मत परिपूर्ण विशुद्ध ।
धरा पर आये गौतम बुद्ध ।।
तोड़ कर दिव्य दृष्टि के तार ।
कहा नालक से, "सुनो कुमार ।।

धरा पर आये हैं भगवान ।
करेंगे दर्शन कर प्रस्थान'' ।।

●

इन्द्र धनुषीय रंग-सतरंग ।
नगर का सजा-धजा हर अँग ।।
अवर्णित भीड़, गुंजरित गान ।
बुद्ध भगवान-बुद्ध भगवान ।।
द्वार पर पहुँचे जब ऋषिराज ।
द्वार रक्षक बोला, ''महाराज ।।
आपकी क्या मैं सेवा करूँ ।
विकट भवसागर से जो तरूँ" ।।
''करो राजा को सूच्य तुरन्त ।
द्वार पर नालक सहित महन्त'' ।।
नवा कर माथ गया दरबान ।
कहा राजा से ''जय श्रीमान् ।।
असित औ'नालक संत सुजान ।
द्वार पर खड़े सहित सम्मान'' ।।
''उन्हें ले आओ आदर सहित''।
कहा शुद्धोदन ने साग्रहित ।।

❋

असित की भविष्यवाणी

"शाक्य सुत तेरी हो जयकार" ।
असित ने किया घोर गुंजार ।।
नृपति ने उठकर किया प्रणाम ।
कहा, "यह धन्य हमारा धाम ।।
दर्श देने चल आये आप"।
हो गया राजा तब चुपचाप ।।
असित बोले, "पहचाना नहीं" ।
"नहीं, शायद देखा है कहीं" ।।
"असित, ऋषि कहते मुझको नाथ ।
भग्नि-सुत नालक मेरा, साथ ।।
पुत्र का दर्शन करने आज ।
महल में आये हम नरराज" ।।
"करो दर्शन निश्चय भगवन्त ।
सन्त से बड़ा कौन-सा सन्त ।।
किन्तु होगा विलम्ब कुछ नाथ ।
पुत्र सोया जननी के साथ" ।।
"अरे यह कैसा क्या उपहास ।
तुम्हें क्या नहीं हुआ विश्वास ।।
पुत्र साधारण नहीं, विशिष्ट ।
सत्य-सम्पन्न, धर्म संश्लिष्ट ।।
न सोते-रोते ऐसे पुरुष ।
ज्ञान से धोते जग के कलुष" ।।
गया राजा अविलम्बित वहाँ ।
पुत्र सोया था जिसका जहाँ ।।

सत्य निकला ऋषिवर का वचन ।
पुत्र ने खोल रखे थे नयन ।।
सहज आच्छादित कर निज गोद ।
पुत्र ले आया भूप समोद ।।
"लीजिये ऋषिवर" बोला भूप ।
"आह! यह बालक श्रेष्ठ अनूप" ।।
मृदुल ऋषि वाणी निकली आप ।
और फिर हुए सभी चुपचाप ।।
शुक्र, ब्रह्मा-सा भव्य शरीर ।
दीप्ति मुख मंडल अति गंभीर ।।
शुक्र औ ब्रह्मा जैसी कान्ति ।
दृगों में गहन धरा-सी शान्ति ।।
देख लक्षण बत्तीस महान ।
और अस्सी अनुरंज प्रमाण ।।
"सत्य यह कोई पुरुष विचित्र" ।
कहा ऋषि ने प्रिय भूपति मित्र ।।
और फिर अपना आसन छोड़ ।
नवा सिर दोनों निज कर जोड़ ।।
पुत्र के चरणों पर गिर पड़े ।
परिक्रमा की, फिर होकर खड़े ।।
लिया झुक कर जब बालक गोद ।
सोचने लगे असित सामोद ।।
रहेगा यदि गृहस्थ नरराज ।
बनेगा महाराज-अधिराज ।।
त्याग गृह बना प्रव्रजित शुद्ध ।
बनेगा यह सम्यक् सम्बुद्ध ।।
नहीं यह निश्चित निश्चय शुद्ध ।
बनेगा यह सम्यक् सम्बुद्ध ।।
देख बालक का प्रबल ललाट ।
सिसक कर रोये ऋषि सम्राट ।।

रुदनकर ऋषि का ऐसा रूप ।
हो गया विचलित तत्क्षण भूप ।।
"ऋषीश्वर क्यों रोये हैं आप ।
पुत्र को लगा हुआ क्या श्राप" ।।
"नहीं ऐसा कुछ नहीं सुजान ।
पुत्र तेरा है बुद्ध प्रधान ।।
न रोया मैं बालक के लिए ।
जिये यह अविरल जुग-जुग जिए ।।
स्वयं के लिए रो रहा आज ।
पूर्ण हो गया उम्र का राज ।।
सुनो हे राजन! अंतिम सत्य ।
करेगा बालक ऐसा कृत्य ।।
प्राप्त कर जीवन में बुद्धत्त्व ।
विश्व को देगा अद्‌भुत तत्त्व ।।
उदम्बर पुष्पित होता नहीं ।
अगर होता तो शायद कहीं ।।
पुत्र यह ऐसा तेरा पुत्र ।
पुत्र हा पुत्र-पुत्र हा पुत्र ।।
करेगा मानवीय कल्याण ।
बनेगा शुद्ध-बुद्ध भगवान ।।
नहीं हो पायेगा वह साथ ।
रो पड़ा इसीलिए नरनाथ ।।
पूज मैं भी पाता वह बुद्ध ।
मृत्यु जीवन का चुकता युद्ध" ।।
वस्त्र भोजन का देकर दान ।
असित का किया गया सम्मान ।।
असित ऋषि हुए विदा चल पड़े ।
बड़े तो बड़े सदा ही बड़े ।।

महामाया की मृत्यु

पाँच दिन का जब हुआ कुमार ।
हुआ तब नामकरण संस्कार ।।
धरा हो गई धन्य सत्यार्थ ।
पुत्र को मिला नाम सिद्धार्थ ।।
गोत्र गौतम कुल पूज्य प्रमाण ।
यही गौतम सिद्धार्थ महान ।।
भरा खुशियों से था प्रासाद ।
अचानक उतर पड़ा अवसाद ।।
महामाया हो उठी अधीर ।
पीर सी उठी हृदय में पीर ।।
पीर हो गई अधिक गंभीर ।
लगा खोने-सा उसका धीर ।।
बुलाया शुद्धोदन को पास ।
कहा यह होकर बहुत उदास ।।
''सुनो प्रिय बैठो मेरे निकट ।
समस्या गहन बहुत ही विकट ।।
प्रजापति कहाँ बुलाओ उन्हें ।
पालना अब गौतम को जिन्हें ।।
अंत अब निश्चय मेरा अंत ।
अंत ऐसा जो सदा अनन्त ।।
"प्रजापति सुनो बहन यह सत्य ।
सौंपती तुमको अतुलित कृत्य ।।
पालना होगा तुम्हें कुमार ।
भार हे बहिन ! बड़ा यह भार'' ।।

सहज माया हो गई निढाल ।
काल ने लिया लील तत्काल ।।
सात दिन का था तब वह बाल ।
बाल वह बाल आह वह बाल ।।

●

राजा शुद्धोदन का
और एक पुत्र नंद जो–
महाप्रजापति से जन्मा था
महानाम, अनिरुद्ध
शुक्लोदन के पुत्र थे
अमितोदन का आनंद
जिसे प्रिय सिद्धार्थ था ।
एक देवदत्त
बड़ा नटखट-बाचाल-सा
पुत्र था वह
सिद्धार्थ की अमिता बुआ का
इन सबके बीच पला बढ़ा सिद्धार्थ तब ।।

●

चलाचल-चला समय क्रमवार ।
ठुमक कर चलने लगे कुमार ।।
निरख कर उनका सुन्दर रूप ।
विहँस उठते मन ही मन भूप ।।
शाक्यवंशीय रीति अनुसार ।
शाक्य जनपद के मुखिया चार ।।
हुए एकत्र भूप के पास ।
और बोले मन मुदित हुलास ।।

''ग्राम्य देवी अभया के द्वार ।
चलो अब लेकर चलें कुमार'' ।।
मान ली राजा ने यह बात ।
बात थी परम्परागत बात ।।
प्रजापति रानी ने तत्काल ।
बुलाया अपना प्रिय वह बाल ।।
कराया सुरभित जल इस्नान ।
नये पहनाए फिर परिधान ।।
मधुर मुसकाया तब सुकुमार ।
''कहो मौसी जाना किस द्वार" ।।
"तुम्हें जाना मंदिर की ओर'' ।
और वह चला गया चितचोर ।।

❐

शिक्षा-दीक्षा

हुआ जब आठ वर्ष का लाल ।
सोच में तब डूबे भूपाल ।।
श्रेष्ठतम् शिक्षा रुचिकर ज्ञान ।
ज्ञान से बड़ा और क्या ज्ञान ।।
अंत में याद किया कुछ अंत ।
महामाया का स्वप्न अनंत ।।
बुलाए जो थे व्याख्याकार ।
आठ वे ब्राह्मण श्रेष्ठ अपार ।।
नृपति आदेश किया स्वीकार्य ।
यही थे प्रथम अष्ट आचार्य ।।
जानते थे वे जितना ज्ञान ।
सीख सिद्धार्थ गए सब जान ।।
बुला चाकर यह दे आदेश ।
"चले तुम जाओ उदिच्च प्रदेश ।।
वहाँ सब्बमित्त गुणी विद्वान् ।
उन्हें ले आओ स:सम्मान" ।।
सीख दर्शन-शास्त्रों का ज्ञान ।
हुए सिद्धार्थ अतिक विद्वान् ।।
श्रेष्ठतम् संत आडार कालाम ।
धाम था कपिलवस्तु ही धाम ।।
शिष्य उनका था भारद्वाज ।
समाधि, एकाग्रचित्त अधिराज ।।
सीख उनसे भी ले सिद्धार्थ ।
लगे जीवन जीने परमार्थ ।।

❋

आरंभिक प्रवृत्ति

कारुणिक अतिशय प्रबल सुभाव ।
जन्मते कोमल-कोमल भाव ॥
कभी जब मन होता दिक्‌भ्रान्त ।
उन्हें अच्छा लगता एकान्त ॥
लिए मन में वह अतुल उमंग ।
एक दिन कुछ मित्रों के संग ॥
गये हरियल खेतों की ओर ।
जहाँ थे श्रमिक व्यस्त सहजोर ॥
खेत थे रहे दनादन गोड़ ।
कर रहे थे मेहनत जी तोड़ ॥
पसीने से भीगे थे बदन ।
व्यस्त-सा हृदय दुखी-से नयन ॥
"सुनो मित्रो, बोले सुकुमार ।
"भला यह कैसा अत्याचार ॥
पिसे मज़दूरों की यह फौज ।
उड़ाए मालिक मस्ती मौज ॥
उगाए अन्न सुखाकर खून ।
पेट उसका न भरे दो जून ॥
बनाता जो यह ऊँचे भवन ।
नहीं उसके रहने को सदन ॥
बनाता जो अति सुन्दर वस्त्र ।
घूमते उसके सुत निर्वस्त्र ॥
क्या नहीं यह भारी अन्याय ।
न्याय दिलवाओ इनको न्याय" ॥
शाक्य सुत के सुन ऐसे वचन ।

हुए वे मौन झुक गये नयन ।।
शाक्य जन परम्परा अनुसार ।
मनाते वप्रमङ्गल त्यौहार ।।
धान बोने का पहला दिवस ।
सभी के मन में भरता हुलस ।।
प्रथा थी राजकुमर कुछ देर ।
चलाए हल अवश्य इक बेर ।।
किन्तु अधिकांश शाक्य सुकुमार ।
हल नहीं छूते थे इक बार ।।
मात्र थे वह सिद्धार्थ कुमार ।
चलाते हल हो मुदित अपार ।।

◆

चिन्तन

सन्त बन गई देह वह सन्त ।
और मन ऊँचा हुआ महन्त ।।
हुआ देवालय सा मन बोध ।
शोध क्या सके अरे जन शोध ।।
देख बालक की ऐसी दशा ।
जँचा कुछ रानी को भी जँचा ।।
बुला सुत को समीप बैठार ।
कहा रानी ने बारम्बार ।।
''कुमर तुम हो क्षत्रिय, बलवान ।
पहनकर आखेटक परिधान ।।
उठो वन जाओ सुनो कुमार ।
करो पशुओं की खूब शिकार ।।
मिलेगा तुमको अति आनंद ।
गहन आनंद अतुल आनंद'' ।।
अचानक आए उनके मित्र ।
चित्र ज्यौ रंग बिरंगे चित्र ।।
पहन आखेटकीय परिधान ।
तीर तरकस मज़बूत कमान ।।
''सुनो रानी मॉ सच्चा वाक्य ।
नहीं हम नहीं रहे अब शाक्य'' ।।
''अरे यह कैसी ऐसी बात'' ।
पूछ रानी ने लिया हटात् ।।
सभी हँस पड़े एक ने कहा ।
''सहा हम सबने मॉ यह सहा ।।

भरी अचरज से है, यह बात ।
शेर-चीते से डरते स्यात् ॥
स्यात् यह अपने राजकुमार ।
न अच्छी लगती इन्हें शिकार'' ॥
सहज बोले सिद्धार्थ तुरन्त ।
''न भाता मुझको प्राणी हन्त ॥
क्रूर कितने हैं सचमुच आप ।
जानकर जग में करते पाप" ॥
प्रजापति चिन्तित, पर फिर कहा ।
''अहा तुम क्षत्रिय वर हो अहा ॥
समर रत रहना क्षत्रिय धर्म ।
विजय के लिए श्रेष्ठ सब कर्म ॥
राष्ट्र संरक्षण क्षत्रिय करे ।
धरा पर इसीलिए अवतरे'' ॥
''किन्तु माँ अगर न लड़ना पड़े ।
लड़ाई कोई फिर क्यों लड़े ॥
प्रेम के धागे में बंध एक ।
हम सभी हो जाएं यदि नेक ॥
एक हो करें सभी मिल राज ।
राज में विहँसे सकल समाज'' ॥
सुनो सब सुनें कुमर ने कहा ।
''भेद क्यों मित्र-शत्रु में रहा ॥
मित्र वे जो प्रिय हमको लगे ।
सगे से, अधिक लगे जो सगे ॥
न भाते, वे लगते हैं शत्रु ।
शत्रु क्यों शत्रु, शत्रु क्यों शत्रु ॥
पालतू पशु भी अपने मित्र ।
मित्र क्यों लगते पशु भी मित्र ॥

पालतू नहीं उन्हें क्यों मार ।
बनाते तुम, अपना आहार ॥
नेत्र कर बंद, ध्यान तुम घरो ।
और यह चिंतन यदि तुम करो ॥
मिलेगा उत्तर तुम्हें तुरन्त ।
अंत जिसका न कभी हो अंत'' ॥

देवदत्त से विरोध

एक दिन जा खेतों के पास ।
अकेले बैठे हुए उदास ।।
सोचने लगे सत्य सिद्धार्थ ।
भला क्या जीवन-जीव यथार्थ ।।
पेड़ की छाया में मन क्लान्त ।
हो उठा मन उस घड़ी अशान्त ।।
यकायक पक्षी तब आ गिरा ।
तीर से बिंधा रक्त से घिरा ।।
उठा गौतम ने उसको लिया ।
तीर को काढ़ उसे जल दिया ।।
घाव धो किया सहज उपचार ।
दिया पक्षी को अतुलित प्यार ।।
यकायक देवदत्त आ गया ।
देख पक्षी मन मोदित भया ।।
"सुनो सिद्धार्थ ठीक यह हुआ ।
मिल गया मेरा पक्षी खुआ ।।
चलाया मैंने था जब तीर ।
बिंधा पक्षी के वह पर चीर ।।
उड़ा, मैं इसे खोजता रहा ।
मिला, पर कहाँ मिला यह अहा ।।
मुझे दो मेरा सुनो शिकार" ।
"नहीं अब मेरा है अधिकार" ।।
कहा गौतम ने जब इस तरह ।

हो गई तब दोनों में कलह ॥
"शिकार के नियमों के अनुसार ।
हुआ खग मेरा राजकुमार ॥
मारता जो पक्षी को सुनो ।
उसी को उसका मालिक गुनो" ॥
"सर्वथा सत्य न यह आधार ।
किलक कर बोले राजकुमार ॥
किसी की रक्षा करता जौन ।
उसी का मालिक होता तौन" ॥
न मानी जब दोनों ने हार ।
हार वह हार हठीली हार ॥
गये न्यायालय दोनों मीत ।
गये सिद्धार्थ वहाँ तब जीत ॥

✳

विवाह

शाक्य इक दण्डपाणि था नाम ।
विपुल थे जिसके धरती-धाम ।।
यशोधरा कन्या उसकी एक ।
शील-गुणवान श्रेष्ठतम् नेक ।।
सुघर सुन्दर स्वरूप सम्पन्न ।
लगे रति धरती पर उत्पन्न ।।
वर्ष आरंभ सोलहवां हुआ ।
चित्त ने दण्डपाणि मन छुआ ।।
लगी चिन्ता विवाह हो जाय ।
सुकन्या चली पिया घर जाय ।।
जुड़े परिकर सम्बंधी हर्ष ।
किया सबने मिल सहज विमर्ष ।।
स्वयंवर रचो प्रथा अनुकूल ।
न हो कोई कैसी भी भूल ।।
हुई विज्ञप्ति विकट सर्वत्र ।
भूप ने भेजे लिख-लिख पत्र ।।
स्वयंवर दण्डपाणि के द्वार ।
जुड़े जहं क्षत्रिय तरुण कुमार ।।
यशोधरा ने मन में कुछ गुना ।
और पति सिद्धार्थ गौतम चुना ।।
हुए तब दण्डपाणि अति त्रस्त ।
लगा बेटी का जीवन ध्वस्त ।।
पिता ने कहा, "समस्या विकट ।
यशोधरे आओ मेरे निकट ।।

नहीं सिद्धार्थ चयन के योग्य ।
उसे अच्छा लगता है जोग्य ।।
न भाता उसको वैभव राज्य ।
कर दिया उसने सबका त्याज्य'' ।।
यशोधरा होकर मलिन उदास ।
गई अपनी माता के पास ।।
और बोली, ''हे माता सुनो ।
हमारी मनः परिस्थिति गुनो ।।
चुना है जिसे उसी के संग ।
रंगूंगी जीवन उसके रंग'' ।।
''सिसक मत, मत हो तू अविछन्न ।
हुआ सो हुआ ठीक सम्पन्न'' ।।
बुलाकर दण्डपाणि से कहा ।
"रहा सब ठीक-ठीक ही रहा" ।।
"ठीक है अगर ठीक सब ठीक ।
ठीक है यशोधरा, तुम ठीक ।।
ठीक है चुना हुआ सिद्धार्थ ।
करे वह दोनों वंश कृतार्थ" ।।
''स्वयंवर हुआ सहज निर्दोष" ।
किया यह दण्डपाणि ने घोष ।।

परीक्षा

''परीक्षा बिना हुआ यह काज ।
समझता इसे न उचित समाज ।।
स्वयंवर रचा किया अपमान ।
घोर अपमान-महा अपमान'' ।।
तरुण क्षत्रिय कर ऊँचे हाथ ।
बोल कुछ उठे, एक ही साथ ।।
अंततः हुई सभी की राय ।
''चलो इक लक्ष्य बेध हो जाय'' ।।
हुए सिद्धार्थ न तब तैयार ।
सशंकित हुए सभी इक बार ।।
टूट से दण्डपाणि कुछ गये ।
हृदय पर भूल शूल से छये ।।
यशोधरा असहज सी हो गई ।
न रोई फिर भी रो सी गई ।।
कहा छन्दक ने, ''हे सिद्धार्थ ।
देखलो रोता हुआ यथार्थ ।।
बेधकर लक्ष्य जीत सम्मान ।
और दो यशोधरा को मान'' ।।
मान तब गये सीख वह मान ।
यशोधरा के हर्षाये प्राण ।।
परीक्षण हुआ तुरत आरंभ ।
बढ़े क्षत्रिय कुमार ले दंभ ।।
न कोई बेध सका वह लक्ष्य ।
लक्ष्य वह लक्ष्य लक्ष्य वह लक्ष्य ।।

अंत में गौतम आगे बढ़े ।
बेध कर लक्ष्य, लक्ष्य से चढ़े ॥
जुड़ गई यशोधरा की आस ।
सभी प्रतिद्वन्द्वी हुए हतास ॥
रह गये सारे क्षत्रिय सन्न ।
हो गया पाणिग्रहण सम्पन्न ॥
प्रजापति फूली जैसे फूल ।
शुद्धोदन गये विसंगति भूल ॥
पिता-माता के छूकर पाँव ।
यशोधरा गई पिया के गाँव ॥
समय फिर धीरे-धीरे बढ़ा ।
चढ़ा सो गिरा, गिरा सो चढ़ा ॥

●

विवाह के बहुत दिनों के बाद ।
याद है याद समय को याद ॥
यशोधरा गर्भवती हो गई ।
मधुर सपनों में वह खो गई ॥
पुत्र को जन्म दिया निर्विकार ।
नाम-यह राहुल राजकुमार ॥

*

पुत्र संरक्षण

गृहस्थ बन गया पिता बन गया ।
शीश शुद्धोदन का तन गया ।।
किन्तु अंतर्मन में वह घात ।
असित ऋषि की वाणी की बात ।।
भविष्यवाणी झूठी पड़ जाय ।
पुत्र यदि भोगों से जुड़ जाय ।।
सोच कुछ सोच किया कुछ याद ।
नया निर्माण नये प्रासाद ।।
ग्रीष्म ऋतु में रहने के लिए ।
जिए हर सुख पाकर वह जिए ।।
दूसरा वर्षा ऋतु में रहे ।
न कोई पीड़ा पल भर सहे ।।
शीत ऋतु का अगला आवास ।
रहेगा सुखी यही विश्वास ।।
बड़े से महल बड़े से बाग ।
सुगंधित पुष्प पवन के राग ।।
चहकते पक्षी नचते मोर ।
चौकड़ी भरते मृग सहजोर ।।
प्रकृति के शुभ साँचे में ढले ।
पल्लवित कमल ताल में खिले ।।
भूप ने बुला उदायी, कहा ।
"सुनो मैं चिंतित अब तक रहा ।।
सुघर षोडसियाँ भेजो यहाँ ।
रहें वे वहाँ रहे सुत जहाँ ।।

रहेंगे युग-युग सदा कृतार्थ ।
न तपसी हो पाये सिद्धार्थ" ।।
उदायी ने ऐसा ही किया ।
बुला सुन्दरियों को तब लिया ।।
कहा उनसे, "यह राजकुमार ।
त्यागना चाह रहा घर बार ।।
वीर यह धीर और बलवान ।
तोड़ दो इस तपसी की तान ।।
जिस तरह ध्यानी विश्वामित्र ।
चित्र सा बन कर बेबस चित्र ।।
घृताची के चंगुल में अहा ।
वर्ष दस तक वह बंदी रहा ।।
ठीक वैसे ही बन कर मित्त ।
बांध लो तुम गौतम का चित्त" ।।
उदायी का समझाना हुआ ।
रमणियों का तब मन भी छुआ ।।
बदलकर भ्रूभंगिमा अनन्त ।
अक्षि कटाक्ष न जिसका अंत ।।
मृदुल मुस्कान अधर कचनार ।
अँग संचालन अपरम्पार ।।
भींचकर पास रूप से डसा ।
कसा अपने सीने से कसा ।।
हुई कोई कुमार पर भार ।
काम से पीड़ित हो लाचार ।।
सुरागंधी रक्तिम से अधर ।
कान में बोली "चलते उधर" ।।
जीभ अपनी अधरों पर फिरा ।
किसी ने कहा, "पियो प्रिय सुरा" ।।
किसी ने घुमा कलश-सा वक्ष ।
कहा, "परखो कुमार हो दक्ष" ।।

घुंघरुओं का निनाद कर घूम ।
नशे-सी नाची कोई झूम ।।
किसी ने गाया विरही राग ।
किसी ने लुटा दिया अनुराग ।।
किसी ने कहा, "पकड़ लो मुझे" ।
किसी ने कहा, "जकड़ लो मुझे" ।।
हाथ ले आम्र वृक्ष की डाल ।
दिखाया फूल कुमर को लाल ।।
और पूछा, "यह किसका फूल ।
छुओ अधरों से यह अनुकूल" ।।
एक ने चल गौतम की चाल ।
कहा, "आओ शुद्धोदन लाल ।।
चलो झुरमुट में खेलें खेल ।
कली से जहाँ भ्रमर का मेल" ।।

●

चला यह खेल महीनों चला ।
नहीं सिद्धार्थ तनिक भी छला ।।
सूर्य सा तेज अडिग वह रहा ।
नहीं वह काम दग्ध हो दहा ।।
रहा तारों में जैसे चन्द्र ।
चंद्र सा चंद्र चन्द्र सा चंद्र ।।
कामिनी हर हारी हर बार ।
जयति जय गौतम राजकुमार ।।

❄

प्रधानमंत्री की सीख

उदायी नीति कुशल सम्पन्न ।
हो गया जैसे कृपण विपन्न ।।
गया गौतम के तब वह पास ।
और बोला हो व्यथित उदास ।।
''सुनो कुछ कहूँ इचित्र-विचित्र ।
तुम्हारा हूँ हितकारी मित्र ।।
मित्र के होते लक्षण तीन ।
जानते गुनते जिन्हें प्रवीण ।।
मित्र को मित्र सदा समझाय ।
अहित कर कर्म न करने पाय ।।
कार्य हितकर में सदा लगाय ।
दूसरा लक्षण दिया बताय ।।
तीसरा हो विपत्ति में साथ ।
समझ लो गुन लो लक्षण नाथ ।।
मैत्री धर्म यही है धर्म ।
बताये मित्र मैत्री कर्म ।।
करो मन रंजन मदिर प्रबंध ।
ऊपरी मन का यह सम्बंध ।।
स्त्रियों का न अनादर करो ।
आज्ञा उनकी माथे धरो ।।
यही दो बंधन श्रेष्ठ सुजान ।
बंधे जिनसे स्त्री नादान ।।
बिना दाक्षिण्य नारि गुणवान ।
कि जैसे पुष्प रहित उद्यान ।।

बात प्राचीन सुनो सिद्धार्थ ।
काम को मान प्रथम पुरुषार्थ ।।
इंद्र ने अहिल्या से छल किया ।
और आलिंगित भी कर लिया ।।
अहिल्या गौतम ऋषि की वाम ।
रूप लखि जागे नस-नस काम ।।
सोम पत्नी रोहिणी सुजान ।
रूप जैसे रूपों की खान ।।
अगस्त्य ऋषि हुए देख आसक्त ।
रमण के लिए बन गये भक्त ।।
मरुत की पुत्री ममता एक ।
पति औतथ्य बड़े थे नेक ।।
वृहस्पति ऋषि ने कर सहभोग ।
दांव पर लगा दिया सब योग ।।
पुत्र तब जन्मा भारद्वाज ।
आज तक जिसका प्रबल समाज ।।
अर्ध्य अर्पण करने के समय ।
वृहस्पति की पत्नी थी अभय ।।
चंद्रमा ने भोगा तब उसे ।
मिला फिर पुत्र दिव्य बुध जिसे ।।
वरुण सुत की पुत्री थी सुघर ।
नाम था जिसका काली प्रवर ।।
पराशर ऋषि यमुना के तीर ।
हो गये उसको देख अधीर ।।
दिया उसको अपना विश्वास ।
किया बिन ब्याहे ही सहवास ।।
निरख कर अक्षमाला का रूप ।
वशिष्ठ ऋषि भूले छाया-धूप ।।

किया सहवास हुए आबाद ।
पुत्र इक जन्मा कपिंजलाद ।।
वृद्ध राजर्षि ययाति महान ।
अप्सरा विश्वाची अज्ञान ।।
चैत्ररथ वन में छोड़ सुयोग ।
किया विश्वाची से संभोग ।।
न जाने कितने ऐसे हुए ।
जिन्होंने खेले कामुक जुए ।।
सुनो हे गौतम श्रेष्ठ कुमार ।
तुम्हारा इसी तरह अधिकार ।।
न सहमो भोगो जग में भोग ।
यही है श्रेष्ठ जगत में जोग" ।।

राजकुमार के उत्तर

मेघ गरजन से गरजे कुमर ।
सुनो हे मंत्री मेरे प्रवर ।।
"आपका स्नेह आपकी भक्ति ।
हमारे लिए श्रेष्ठतम् शक्ति ।।
है मुझे ज्ञात विश्व का धर्म ।
कर्म ही काम काम ही कर्म ।।
काम ही भक्ति काम ही भक्त ।
काम में सारा जग आसक्त ।।
किन्तु सारा संसार अनित्य ।
नहीं है नित्य नहीं है नित्य ।।
इसलिए हुआ मुझे वैराग ।
नहीं है स्थायी अनुराग ।।
त्याग निज संयम साधन योग ।
महाऋषियों ने भोगे भोग ।।
नहीं यह लेकिन सत्य प्रमाण ।
क्योंकि निकले उनके भी प्राण ।।
जहाँ क्षय नहीं महानता वहाँ ।
महानता नहीं असंयम जहाँ ।।
न चाहे मन करना जो काम ।
जानिये उसे सिर्फ बेदाम ।।
राग का अतिशय होता जहाँ ।
असीम आसक्ति व्यापती जहाँ ।।
भरोसा मिथ्य तत्व में जहाँ ।
सदोषी विषय यथार्थ न जहाँ ।।

वंचना ऐसी में क्या धरा ।
बताओ हे मंत्रीवर जरा ।।
राग के वशीभूत ये लोग ।
ठग रहे परस्पर क्या संयोग ।।
न तो क्या ऐसे पुरुष सुयोग्य ।
स्त्रियाँ देखें जिन्हें न भोग्य ।।
स्त्रियाँ योग्य ऐसी नहीं ।
पुरुष जो देखें उनको नहीं ।।
इसलिए मेरी विनती सुनो ।
सुनो फिर गुनो श्रेष्ठ जो चुनो ।।
भोग विषयी कुपंथ की लीक ।
हमारे लिए नहीं है ठीक ।।
मुझे मत ले जाओ उस ओर ।
चला संसार चले जिस ओर" ।।
सुदृढ़ संकल्प कुँअर का जान ।
हुआ मंत्री को तत्क्षण ज्ञान ।।
उदायी चला गया चुपचाप ।
कहा शुद्धोदन से संताप ।।
विकल सुन हुए महीश्वर सन्न ।
ग्रहण कर सके न पानी अन्न ।।
न सोये जागे सारी रात ।
सोचते रहे बात पर बात ।।
उठी तब मन में ऐसी पीर
बिंधा जैसे छाती में तीर

*

शाक्य संघ दीक्षा

शाक्यों का था अपना संघ ।
संघ था राज्य संघ का अँग ।।
संघ का था नियमित आधार ।
बीस वर्षीया शाक्य कुमार ।।
संघ में दीक्षित होकर तरुण ।
सदस्यता कर लेता था वरण ।।

शाक्यों का संघ भवन
कपिलवस्तु में था एक–
सभागार जिसे सभी कहते थे शाक्य जन।
संघ की सभायें
सभागार में ही होती थीं ।
शाक्य पुरोहित को
आदेश दिया शुद्धोदन ने–
यकायक बुलाओ सभा संघ में कराना है
दीक्षित सिद्धार्थ को ।।
पालन आदेश का
पुरोहित ने तुरंत किया ।
शाक्य सेनापति ने तब सम्बोधित
सभा को किया–
शाक्यकुल दीपक शुद्धोदन सुत
गौतम की उम्र हुई बीस वर्ष
संघ का सदस्य अब बनने के योग्य है ।
मेरा प्रस्ताव उसे सदस्य अब बनाया जाय
कोई है विरोधी तो विरोध वह प्रकट करे ।

तीन बार कहने के
न कोई जब विरोध हुआ
विधिवत सिद्धार्थ तब सदस्य हुआ संघ का ॥
पुरोहित के कहने से सिद्धार्थ तब खड़ा हुआ
पूछा गया उससे
सदस्य बनाकर तुम्हें संघ ने
सम्मान दिया
"दिया" कहा धीरे सिद्धार्थ ने ।
"संघ के सदस्य का कर्तव्य
जानते हो तुम" ?
प्रश्न दूसरे का दिया
उत्तर तब गौतम ने "अपरिचित हूँ" ॥

पुरोहित बोला, "सुनो कुमार ।
गुनो कर्त्तव्य सुनो चित धार"॥

शाक्यों के स्वार्थ की रक्षा तुम्हें करनी है
तन मन धन अपना न्यौछावर भी करके ।
किसी भी शाक्य का बिना पक्षपात किए
गुण-दोष कहना होगा बिना किसी डर के ॥
अपना भी दोष तुम्हें करना स्वीकार होगा
दोषारोपण किया गया बिना क्रोध भर के ।
संघ की सभाओं में उपस्थित रहना है सदा
चार ये नियम हैं इन्हें सुनो ध्यान धर के ॥

हो सकती सदस्यता किसी की भी समाप्त मित्र
यदि वो व्यभिचारी दुराचारी सिद्ध होगा तो ।
हत्या यदि सदस्य कोई करेगा कभी भी कहीं
सदस्य वो रहेगा नहीं हत्यारी सिद्ध होगा तो ॥

चोर की सदस्यता तुरंत भंग होगी सुनो
चोर या चकारी बटमारी सिद्ध होगा तो ।
झूठ साक्ष्य देने पर संघ का सदस्य बंधु
होगा पदच्युत वो लवारी सिद्ध होगा तो ॥

❑

संघ से संघर्ष

संघमय जीवन चलने लगा ।
समय द्रुत गति से ढलने लगा ।।
जगत के कार्यों में खो गया ।
वर्ष अट्ठाइस का हो गया ।।
हुआ इक प्रकरण का आरंभ ।
जगा शाक्यों में जिससे दंभ ।।
रोहिणी सरिता के उस पार ।
कोलियों का था राज्य दुआर ।।
कृषक दोनों राज्यों के सदा ।
रोहिणी से ले जल सम्प्रदा ।।
सींचते अपनी-अपनी फसल ।
न रहते तब सहृदयी सरल ।।
कौन कितने जल का उपयोग ।
करेगा पहले कौन सुभोग ।।
प्रश्न यह जटिल समस्या जटिल ।
न कोई कभी कर सका सुहल ।।
समस्या यकायक बढ़ गई ।
लड़ाई दोनों में छिड़ गई ।।
सुना तो शाक्य क्रोधमय हुए ।
रहे कोलीय न भी अनछुए ।।
लिया दोनों ने निर्णय शुद्ध ।
युद्ध अब केवल होगा युद्ध ।।
शाक्य सेनापति ने तत्काल ।
बुला अधिवेशन विकट विशाल ।।

''कोलियों का अब निश्चित मरण ।
हमारे शाक्यों पर आक्रमण ।।
किया है सहन अभी तक सहन ।
न लेने देंगे उनको चैन'' ।।
न रोका बढ़ा अतुल अक्रोष ।
कर दिया सेनापति ने घोष ।।
"कोलियों से अब होगा युद्ध ।
यही है मेरा निर्णय शुद्ध ।।
असहमत जो हो करे विरोध ।
बताये लेकिन कोई शोध" ।।
हुए सिद्धार्थ खड़े फिर कहा ।
''विरोधी मैं हूँ प्रियवर महा ।।
विश्व में नहीं युद्ध वो समझ ।
समस्या जिससे जाये सुलझ ।।
हम अगर करें किसी पर वार ।
हमें भी कोई सकता मार ।।
निबल को हम लूटेंगे अगर ।
हमें लूटेगा कोई ज़बर ।।
न निर्णय हम जल्दी में करें ।
अकारण लोग अमौत न मरें ।।
परख लें पहले दोषी कौन ।
सजा बस पाये निश्चित तौन ।।
सुना है कोलियों का कुछ दोष ।
नहीं हम भी तो हैं निर्दोष ।।
शाक्य कोलीय अगर यह गुनें ।
अपने दो-दो प्रतिनिधि चुनें ।।
और फिर चारों बिना प्रपंच ।
पाँचवां चुनलें कोई पंच ।।
और वे पाँचों निर्णय करें ।
उसे ही सिर माथे हम धरें" ।।

कुमर गौतम का यह प्रस्ताव ।
"ठीक है", सबने कहा, "सुझाव" ॥
"नहीं यह मुझे मान्य है नहीं ।
सत्यता नहीं एकदम कहीं ॥
कोलिये हुए बहुत उदण्ड ।
उचित है उनको देना दण्ड" ॥
शाक्य जन बहुमत में बह गये ।
"ठीक है" सेनापति कह गये ॥
पुनः सिद्धार्थ हो गये खड़े ।
वचन बोले विनम्र हो बड़े ॥
"शाक्य कोलीय निकट अति निकट ।
समस्या भी न बड़ी है विकट ॥
परस्पर हो ना जायें नष्ट ।
यही है एक हमारा कष्ट" ॥
पुनः सेनापति ने साक्रोध ।
कराया शाक्य संघ को बोध ॥
"युद्ध है केवल क्षत्रिय धर्म ।
राज्य के लिए यही है कर्म ॥
ज़रूरत अगर कभी आ पड़े ।
लड़े भाई-भाई से लड़े ॥
बढ़ेगी कीर्ति बढ़ेगा राज ।
कहे कुछ चुप क्यों शाक्य समाज" ॥
उठे सिद्धार्थ कहा, "हाँ खैर ।
बैर से कभी न मिटता बैर ॥
मित्रता मन को देती शान्ति ।
शांति से जग में बढ़ती कांति ॥
ब्राह्मण यज्ञ करे यह धर्म ।
क्षत्रिय युद्ध करे यह धर्म ॥

वैश्य व्यापार करे यह धर्म ।
शूद्र सेवार्थ मरे यह धर्म" ।।
हुआ सेनापति क्रोधित और ।
"नहीं ये ठीक नहीं है तौर" ।।
चीख कर बोला निर्णय करो ।
"करो या मरो, मरो या करो" ।।
शाक्यजन बोले "मान्य सुझाव ।
तुम्हारा सेनापति प्रस्ताव" ।

❋

देश छोड़ने का सुझाव

रात वह गई हो गया भोर ।
शाक्य मन मुदित हुए चहुँओर ॥
बुलाई सेनापति ने सभा ।
और फिर शाक्य संघ से कहा ॥
"आप सब श्रेष्ठ प्रवीण प्रबुद्ध ।
कोलियों से करना है युद्ध ॥
इसलिए मेरा पुनः सुझाव ।
"चाहिए सेना, किन्तु अभाव ॥
बढ़ानी हमको अपनी फौज ।
तभी हम कर पायेंगे मौज ॥
बीस से पचास वर्ष का ज्वान ।
बनेगा सैनिक यह ऐलान" ॥
तभी सिद्धार्थ हो गये खड़े ।
बीच में तुरत बोल वह पड़े ॥
''नहीं ये नहीं, नहीं ये ठीक ।
न है ये मानवता की लीक ॥
न सैनिक मैं बन सकता सुनो ।
किसी से लड़ ना सकता सुनो'' ॥
चिढ़ा सेनापति बोला प्रपथ ।
''तुम्हें है याद संघ की शपथ ॥
मुकर जाओगे अपना वचन ।
हसेंगे तुम पर शाक्यीयसुजन'' ॥
हुए सिद्धार्थ अधिक गंभीर ।
व्यक्त की अपने मन की पीर ॥

''शाक्य जन साक्ष्य, साक्ष्य यह नगर ।
न मैंने छोड़ी कोई कसर ।।
शाक्य हित रक्षक बनकर जिया ।
और तन-मन-धन अर्पण किया ।।
कोलियों से हम लड़ते सदा ।
चलाकर अपना थोथा गदा ।।
तभी तो शाक्य संघ के संग ।
अलग कोशल नरेश का ढंग ।।
खिलौना बनकर हम रह गये ।
न सहना जो भी वह सह गये'' ।।
हुआ सेनापति क्रोधित क्रूर ।
युद्ध में हारे जैसा सूर ।।
अधर फड़फड़ा नासिका मोड़ ।
तर्जनी दाएं कर की जोड़ ।।
फनफना उठा तुनक कर कहा ।
''अभी तक सहा बहुत कुछ सहा ।।
तुम्हारा भाषण हमने गुना ।
हमीं क्या शाक्य संघ ने सुना ।।
किया जो तुमने व्यर्थ विरोध ।
समझ लो बहुत बड़ा अवरोध ।।
नहीं अवरोध बल्कि अपराध ।
न सकते कोशल पति भी साध ।।
संघ यह अतिशय प्रबल प्रचण्ड ।
तुम्हें दे सकता समुचित दण्ड ।।
मृत्यु या राष्ट्र त्याग की सज़ा ।
श्रेष्ठ है संघ संघ की रज़ा ।।
किन्तु कोशल नरेश का ध्यान ।
तुम्हें जो देते अतिकर मान ।।
न दें तुमको ये दोनों दण्ड ।
किन्तु ये सुन लो शब्द प्रचण्ड ।।

संघ को प्राप्त अतुल अधिकार ।
तुम्हारा हो सकता बहिष्कार ।।
तुम्हारे खेत और प्रासाद ।
तुम्हारा परिकर तुम आबाद ।।
संघ सकता सब तुमसे छीन ।
न यह कोशल नरेश आधीन'' ।।
तभी सिद्धार्थ सहज हो गया ।
बिंधा मन भीतर तक रो गया ।।
कहा, ''कृपया सुन लें यह बात ।
करें मत परिकर से कुछ घात ।।
मुझे दें प्राण दण्ड है मान्य ।
राष्ट्र से अलग करें है मान्य ।।
दण्ड जो समझें वह स्वीकार ।
हार भी जीत, जीत भी हार'' ।।
कुटिल सेनापति ने तब कहा ।
"मृत्यु या देश निकाला अहा ।।
करोगे स्वयं अगर तुम वरण ।
किन्तु यह ठीक नहीं आचरण ।।
संघ पर होगा यह आरोप ।
विकट कोशल नरेश का कोप'' ।।
''सुनो मैं कहता एक उपाय,'' ।
कहा गौतम ने तब समझाय, ।।
''परिव्राजक बन जाऊँगा चला ।
तुम्हारा भला, हमारा भला'' ।।
''ठीक यह ठीक तुम्हारी राय ।
किन्तु समझाओ एक उपाय ।।
पिता माता पत्नी सब भला ।
तुम्हें जाने देंगे क्या चला'' ।।
''तुम्हें क्यों चिन्ता मेरा काम ।
छोड़ दूँ कैसे भी यह धाम'' ।।

किया स्वीकार संघ ने यही ।
''ठीक है गौतम ने जो कही'' ।।
तरुण तब कोई शाक्य कुमार ।
खड़ा हो बोला सुनें विचार ।।
''मुझे है तनिक नहीं संदेह ।
'त्याग देगा गौतम निज गेह ।।
कोलियों से भी होगा युद्ध ।
किन्तु कोशलपति होंगे क्रुद्ध ।।
इसलिए मेरा यह प्रस्ताव ।
समझ लो अथवा मात्र सुझाव ।।
रहे इस घटनाक्रम में भेद ।
हो न जो कोशलेश को खेद'' ।।
बात यह सबने समझी ठीक ।
ठीक सो ठीक ठीक सो ठीक ।।

*

बिछोह

घटित जो शाक्य संघ में हुआ ।
गया शुद्धोदन तक वह मुआ ।।
गया सिद्धार्थ महल जिस घड़ी ।
पिता माँ क्लांत त्रिया रोपड़ी ।।
विहँस कर बोला तब सिद्धार्थ ।
''सुना जो मैंने कहा यथार्थ ।।
सत्य का पंथ न्याय की लीक ।
त्यागना नहीं कभी भी ठीक ।।
दण्ड जो दिया उसे ले लिया ।
आपका मान बढ़ा क्या किया'' ।।
''तुम्हारे बिना पुत्र धन-धाम ।
हमारे आयेगा किस काम ।।
खेत वन बाग और उद्यान ।
महल प्रासाद भवन दालान'' ।।
प्रजापति रोकर बोली वैन ।
''तुम्हीं हो मेरे मन के नैन ।।
चले तुम जाओगे गृह त्याग ।
जियेंगे कैसे पीकर आग'' ।।
मृदुल मुस्कान अधर पर लिए ।
शब्द सिद्धार्थ ने कह दिए ।।
''अरे माँ तुम क्षत्राणी प्रवर ।
रहीं तुम निडर सदा ही निडर ।।
अगर माँ युद्ध भूमि दरम्यान ।
न रहते जीवित मेरे प्राण ।।
बिलखती तब भी तुम इस तरह ।

दु:खी हो रोती हो जिस तरह ।।
धर्म क्षत्रिय का वह तो मान्य ।
जूझना-मरना है सामान्य'' ।।
''किन्तु वन-वन में मात्र अनाथ ।
रहोगे खग मृग पशु के साथ ।।
तुम्हारे बिना धरा धन धाम ।
हमारे लिए व्यर्थ बेदाम ।।
ले चलो हमें साथ ले चलो ।
देह ले चलो प्राण ले चलो" ।।
"व्यर्थ मत कर माँ इतना सोग ।
देश द्रोही समझेंगे लोग'' ।।
बीच में शुद्धोदन ने कहा ।
''लड़ाई हुई स्थगित महा ।।
न हो फिर युद्ध स्यात् संभाव्य ।
शाक्य जन बदलें निज मंताव्य ।।
प्रव्रज्या तब तक करो निरस्त ।
संघ निर्णय में जब तक व्यस्त'' ।।
''सुनो माँ सुनो, सुनो हे तात ।
वचन से नहीं बड़ी कुछ बात ।।
नहीं है उचित हमारे लिए ।
नहीं है उचित तुम्हारे लिए ।।
हुआ जो हुआ हुआ सो ठीक ।
यही है धर्म यही है लीक ।।
हँसो हँसकर दो अब आदेश ।
न व्यापे तुम्हें उम्र भर क्लेश" ।।
गये सिद्धार्थ कक्ष की ओर ।
जहाँ थी यशोधरा चितचोर ।।
देखकर उसे मूक हो गये ।
स्वप्न में कहीं दूर खो गये ।।

न चितवन गिरी न चितवन झुकी ।
श्वास दोनों की मानो रुकी ।।
घूमता लगा कक्ष चहुँ ओर ।
न कोई ओर न कोई छोर ।।
तोड़ बोली यशोधरा मौन ।
''संघ में घटा सुन लिया तौन'' ।।
''यशोधरे तनिक बताओ और ।
प्रव्रजित होने का यह तौर ।।
ठीक क्या सचमुच है यह ठीक" ।
"ठीक है नाथ एक दम ठीक ।।
रह गई अपने कुल की लीक ।
ठीक सो ठीक, ठीक सो ठीक ।।
घटित यह मेरे होता साथ ।
यही मैं करती मेरे नाथ ।।
तुम्हारा निर्णय, निर्णय सत्य ।
तुम्हारा सत्य हमारा सत्य" ।।

गीत

साथ तुम्हारे मैं भी चलती ।।
प्रव्रजित होती सब वैभव तज-
ज्ञान कसौटी ढलती ।
साथ तुम्हारे मैं भी चलती ।।
राहुल पुत्र अबोध निष्कपट,
ज्ञात न उसे समय की खटपट,
माता मात्र समझ सकती है-
कैसे संतति पलती ।
साथ तुम्हारे मैं भी चलती ।।

स्थिति विकट रहे मन निर्भय,
कुल मर्यादा तनिक न हो क्षय,
तुम दीपक सम निकट निरंतर-
मैं बाती-सी जलती ।
साथ तुम्हारे मैं भी चलती ॥

माता पिता पुत्र सब परिकर,
मैं देखूँगी प्रिय जीवन भर,
तुम आओगे इसी आस में-
दुख दारिद्र रहूँगी दलती ।
साथ तुम्हारे मैं भी चलती ॥

मात्र एक अनुरोध हमारा,
प्रव्रजित पंथ, पंथ प्रिय न्यारा,
आविष्कार करो पथ ऐसा-
मानवता बच जाए जलती ।
साथ तुम्हारे मैं भी चलती ॥

●

जान कर यशोधरा का त्याग ।
जगा गौतम के मन वैराग ॥
हुआ गंभीर धीर बलवान ।
"सुनो प्रिय तुम हो बहुत महान ॥
पुत्र ले आओ राहुल गोद ।
घड़ी भर कर लूँ मन में मोद" ॥
सो रहा राहुल था उस घड़ी ।
यशोधरा उठी और फिर बढ़ी ॥
गोद ले पुत्र कहा, "लो गोद ।
गोद लो गोद, गोद लो गोद" ॥

सहम सा गया तुरत सिद्धार्थ ।
सामने अपना देख यथार्थ ।।
दृष्टि भर देख तोड़ कर मोह ।
चल दिया हा यह दैव बिछोह ।।

❋

गृहत्याग

बुलाया छन्नक साथी निकट ।
सजाया घोड़ा कंथक विकट ।।
चला फिर कपिलवस्तु में चला ।
और मुनि भारद्वाज से मिला ।।
किन्तु यह देख हुआ वह भ्रान्त ।
वहाँ थे परिचित जन अति क्लान्त ।।
उठे वे सबने किया प्रणाम ।
ब्यूह बन घेर लिया मन थाम ।।
अलंकृत रूप, रूप निष्काम ।
धन्य यह देश धन्य यह धाम ।।
किसी का खुला खुला मुँह रहा ।
किसी ने कोई शब्द न कहा ।।
रमणियाँ देख हुईं आसक्त ।
कई मन ही मन बन कर भक्त ।।
बड़ी मुश्किल से गौतम बढ़ा ।
भीड़ का चीर समन्दर बड़ा ।।
यकायक ठिठका सहमा सहज ।
देख निज मात-पिता वह महज ।।
गया फिर पास छू लिये चरण ।
मिले आशीष करूँ मन वरण ।।
रोपड़े शुद्धोदन उस ठौर ।
सिसकने लगी गौतमी और ।।
झुके सिद्धार्थ इस घड़ी झुके ।
अश्रु बह चले न रोके रुके ।।
प्रथक हो मात-पिता से बढ़े ।
जहाँ कंथक छन्नक थे खड़े ।।

वस्त्र आभूषण सब दे दिये ।
करा मुंडन विचलित ना हुये ।।
वहीं था महानाम भी खड़ा ।
चचेरा भाई था जो बड़ा ।।
गेरुए वस्त्र उसी ने दिए ।
पात्र भिक्षा के भी ले लिए ।।
पहन कर वस्त्र नये जोगिया ।
दीक्षित भारद्वाज ने किया ।।
इस तरह परिव्राजक वह बना ।
तना तब सीना उसका तना ।।
प्रव्रज्जित हुआ तपस्वी वेश ।
त्याग कर जाना है अब देश ।।
सोच यह आश्रम से वह चला ।
भीड़ चल पड़ी जिधर वह चला ।।
कहा तब उसने भाई सुनो ।
''हमारे प्रिय पुरवासी सुनो ।।
शाक्यजन कोलियजन सब एक ।
सभी स्वच्छन्द सभी हैं नेक ।।
न लड़ना आपस में तुम लोग ।
लड़ाई बहुत बड़ा है रोग ।।
लौट तुम जाओ अब मैं चला ।
तुम्हारा भला हमारा भला ।।
धन्य है मात पिता है धन्य ।
धन्य है यशोधरा अति धन्य ।।
धन्य है कपिल वस्तु-सा धाम ।
जुड़ा जिससे गौतम का नाम ।।

राजकुमार और सेवक

साथ कन्थक ले छन्नक बढ़ा ।
बहुत समझाया फिर भी अड़ा ।।
चला चल चले निरंतर चले ।
अनोमा तट पर आकर मिले ।।
"मित्र है श्रेष्ठ तुम्हारी भक्ति ।
मिली है तुमसे मुझको शक्ति ।।
लौटकर जाओ तोड़ो मोह ।
मोह से बढ़ जाता है द्रोह ।।
साथ ले जाओ कंथक छन्न ।
इसी में मैं हूँ बहुत प्रसन्न ।।
विपति में कोई काम न आय ।
यही है इस जगती का न्याय ।।
पालता पिता पुत्र किस लिए ।
बुढ़ापा खेवेगा इसलिए ।।
तुम्हारे राजा चतुर सुजान ।
मिलेगा तुमको उनसे ज्ञान ।।
बताना उनको जाकर बात ।
न तुमने किया कभी आघात ।।
पिता को तुम संभालना सदा ।
बताना यही भाग्य में बदा ।।
बेसमय किया सत्य गृह त्याग ।
धर्म तो धर्म जब उठे जाग ।।
इसलिए नहीं किसी का दोष ।
सभी निर्दोष जगत निर्दोष ।।

और मौसी से कहना सत्य ।
हो गया मुझसे अद्‌भुत कृत्य" ।।
बैठने लगा हृदय इस तरह ।
फंसा दलदल में गज जिस तरह ।।
रो पड़ा छन्नक सुन यह वचन ।
हुपक कर कहा रुँधेमन कथन ।।
"आपके इस निर्णय से कौन ।
अश्रुधारा न बहाये जौन ।।
पिघल कर होगा पत्थर मोम ।
विश्व में रोयेगी हर कोम ।।
कहाँ प्रासाद सुकोमल अँग ।
कहाँ यह कुशाग्रास जड़जंग ।।
भयंकर बियावान यह ठौर ।
आप हैं शाक्य वंश सिरमौर ।।
इसलिए हे प्रभु, विनती सुनो ।
दास की कथनी भी कुछ गुनो ।।
चलो घर चलो साथ घर चलो ।
छोड़कर आये उनसे मिलो" ।।
हँसे सिद्धार्थ कहा इस तरह ।
"रो रहे मुझे त्याग किस तरह ।।
व्योग-संयोग समय का नियम ।
भोगना भोग समय का नियम ।।
जन्म अनिवार्य मृत्यु अनिवार्य ।
दुक्ख अनिवार्य सुक्ख अनिवार्य ।।
कहाँ वह माँ जिसने मैं जना ।
और मैं कहाँ परिव्राजक बना ।।
जिस तरह पक्षी उड़कर यहाँ ।
विचरते कौन दिशा में कहाँ ।।

यही है नियति, नियति का खेल ।
खेल अनबूझ अजाना खेल ।।
इसलिए करो न कोई शोक ।
अश्रुजल अपना लो अब रोक" ।।
अश्व कंथक स्वामी के निकट ।
समझ वह गया, गया कुछ घट ।।
चाटने लगा जीभ से चरण ।
अश्रु नेत्रों से होते क्षरण ।।
हाथ है जिसमें अंकित स्वास्ति ।
हथेली मुड़ी हुई आभ्यास्ति ।।
थपथपा कंथक फिर यह कहा ।
"मित्र अब तू मत आँसू बहा ।।
तुम चलो उधर मैं चलूं इधर ।
अलग गंतव्य अलग है सफ़र" ।।

कंथक छन्नक चल पड़े अंतिम किया प्रणाम ॥
धन्य-धन्य यह देश है धन्य-घन्य यह धाम ॥

*

छन्न की वापसी

व्यथित मन किये लिए उरु याद ।
आठ दिन तक चलने के बाद ।।
थके हारे दोनों आ गये ।
नगरवासी लख घबरा गये ।।
सुना जब सबने कुसमाचार ।
नहीं लौटे हैं राजकुमार ।।

गीतिका

कहो इस देश का तन मन
कहाँ तुम छोड़ आये हो ।।
शाक्य कुल का प्रणय बंधन ।
कहाँ तुम छोड़ आये हो ।।
न कुछ कहते न कुछ सुनते
हुए गूंगे हुए बहरे
बताओ गेह का सावन
कहाँ तुम छोड़ आये हो ।।
कांपते किस लिए थर-थर
किया अपराध क्या कोई
महामाया का अल्हड़पन
कहाँ तुम छोड़ आये हो ।।
हुए बेहोश से लगते
मगर तुम होश में भी हो

गंध में श्रेष्ठ जो चंदन
कहाँ तुम छोड़ आये हो ॥
कहा शुद्धोदन ने आकर
बताओ बात कुछ छन्नक
हमारी उम्र का वो धन
कहाँ तुम छोड़ आये हो ॥
गौतमी रो पड़ी चीखी
पछाड़ें खा गिरी भू पर
हमारी बहिन की धड़कन
कहाँ तुम छोड़ आये हो ॥
सुना जिसने वही रोया
और रोकर यही पूछा
हमारी आँख की चितवन
कहाँ तुम छोड़ आये हो ॥

●

बाहु अति दीर्घ केहरी चाल ।
कमल से नैन विराट विशाल ॥
वक्ष विस्तार श्रेष्ठ स्कन्द ।
ओज गंभीर हँसी स्वछन्द ॥
कहाँ वन विकट कहाँ यह महल ।
करेगा कौन वहाँ अब टहल ॥
भूमि अति क्लिष्ट सुकोमल चरण ।
खुले मौसम का फिर आवरण ॥
भिक्षु बन लेगा भोजन वस्त्र ।
घोर जंगल जहाँ अस्त्र न शस्त्र ॥
छोड़ प्रिय पत्नी अबोध पुत्र ।
चली जब चर्चा यह सर्वत्र ॥

यशोधरा सुन-सुन हुई अधीर ॥
रो पड़ी बांध न पाई पीर ॥
महल में होने लगा विलाप ।
सुना जिसने वो रोया आप ॥
सहज शुद्धोदन रह ना सके ।
निरंतर हुए थके से थके ॥
गौतमी यशोधरा के साथ ।
बैठते मंदिर में नर नाथ ॥
माँगते दैव पुत्र घर आय ।
आय हाँ आय पुत्र घर आय ॥

मगध की ओर

पार कर गंगाधार अपार ।
चल पड़ा मगध राज्य के द्वार ।।
जहाँ था बिम्बसार सम्राट ।
राजगृह राजधानी लालाट ।।
मार्ग में देख आश्रम एक ।
जहाँ थी ब्राह्मण स्त्री नेक ।।
रुका सिद्धार्थ किया विश्राम ।
चल पड़ा फिर आगे अविराम ।।
मिली पद्मा सन्यासिन एक ।
ब्राह्मणी थी वह उत्तम नेक ।।
रुका फिर चला चला फिर चला ।
ब्राह्मण रैवत ऋषि से मिला ।।
सभी ने किया खूब सत्कार ।
समझ कर उसको राजकुमार ।।
धनुष सी उसकी भौंहें देख ।
देख लालाट ऊर्ध्व-सा लेख ।।
दीर्घ सर्पिल-सी भुजा विशाल ।
सुघर तन केहरि जैसी चाल ।।
सभी जन मंत्र मुग्ध हो गये ।
जहाँ के तहाँ निरख खो गये ।।
देख काषाय वस्त्र वे लोग ।
सोचते क्या विचित्र है जोग ।।
राजगृह भव्य सनातन नगर ।
देख सिद्धार्थ चले उस डगर ।।

श्रृंखला पर्वतीय थीं पाँच ।
नगर पर पहुँच न सकती आँच ।।
देख पाँडव पर्वत रमणीक ।
जगह है यही एकदम ठीक ।।
करी नव पर्ण कुटी तैयार ।
श्रेष्ठ है समय, समय की मार ।।
राजगृह कपिलवस्तु विच्छेद ।
चार सौ मील दूर का भेद ।।
कहाँ था राजा कहाँ फ़क़ीर ।
इसे कह सकते हैं तक़दीर ।।

*

बिम्बसार का परामर्श

पात्र भिक्षा का लेकर हाथ ।
जिस घड़ी चला भीड़ थी साथ ।।
देख कर बिम्बसार ने कहा ।
''विकट ये जमघट क्यों हो रहा ।।
लगाओ पता महल चहुँओर ।
भीड़ क्यों जुड़ी हुआ क्यों शोर'' ।।
कहा दरबारी ने महाराज ।
"शाक्य कुल वह सन्यासी आज ।।
भविष्यवाणी है जिसके लिए ।
अगर सन्यासी बनकर जिए ।।
बनेगा गौतम बुद्ध विराट ।
अन्यथा चक्रवर्ती सम्राट'' ।।
''लगाओ पता जा रहा किधर ।
मिलेंगे हम भी उससे उधर'' ।।
शीघ्र आ बोला तब दरबान ।
"सुनिये हे सम्राट महान ।।
पाण्डव पहाड़ी पर चढ़ गया ।
लोध्र वृक्षों में वह बढ़ गया" ।।
थिरकते जहाँ असंख्यक मोर ।
पवन का मंथर सुरभित शोर ।।
साथ कुछ अनुचर राजा चला ।
भिक्षु पर्यङ्कासन बैठा मिला ।।
शौर्य सा तेज सूर्य सा रूप ।
जहाँ फिर अस्त न होती धूप ।।

सहज अति रूप शान्ति मन धवल ।
खिला सरिता में जैसे कमल ।।
पास इक श्वेत धवल चट्टान ।
बैठ तब बोला बिम्ब महान ।।
"कहो सब कपिलवस्तु में कुशल ।
पिता हैं कुशल राज्य में कुशल" ।।
अंतत: बिम्बसार ने कहा ।
"बता मैं तुम्हें बात यह रहा ।।
सुनो हे वत्स विशेष विचित्र ।
वंश अनुगत हम गाढ़े मित्र ।।
तुम्हारा सूर्य वंश है श्रेष्ठ ।
पुत्र तुम शुद्धोदन के जेष्ठ ।।
किसलिए ये काषायी वसन ।
किसलिए राजभोग से गमन ।।
इत्र चंदन सा सुगठित अँग ।
पात्र भिक्षा का फिर क्यों संग ।।
प्रजा रक्षण को लम्बे हाथ ।
मुकुट के लिए योग्यतम माथ ।।
चाहता नहीं पैतृक राज्य ।
तुझे दूँगा आधा साम्राज्य ।।
अगर है तुझमें कुलाभिमान ।
ग्रहण कर सैन्य साज सामान ।।
धनुष ले तान न हो भयभीत ।
जीत ले विरोधियों को जीत ।।
देख सुन जीवन का भावार्थ ।
यहाँ बस सिर्फ तीन पुरुषार्थ ।।
एक है अर्थ दूसरा धर्म ।
तीसरा काम यही है मर्म ।।

धर्म अनुसार अर्थ कर प्राप्त ।
धर्म अनुसार काम कर प्राप्त ।।
मोक्ष की प्राप्ति काम के बाद ।
उम्रभर रखना यह गुर याद ।।
तपस्वी सुन यह तेरी आयु ।
अभी धरती पर जैसे वायु ।।
दौड़ले काम भोग की ओर ।
यही सुख वैभव का है छोर ।।
तरुण के लिए कहा है काम ।
प्रौढ़ के लिए प्रमुख है दाम ।।
वृद्ध के लिए सिर्फ है धर्म ।
तीनपन के ये तीनों कर्म ।।
तरुण के लिए नहीं है धर्म ।
भोग-संभोग काम है कर्म ।।
अस्थिर बाह्य विषय अनुरक्त ।
अधैर्य असावधान आसक्त ।।
अदूरदर्शीय न यह तारुण्य ।
छपा है जिस पर अति आरुण्य ।।
गुजर इसके जाने के बाद ।
लोग करते हैं ऐसे याद ।।
भयानक जंगल से चुपचाप ।
निकल कर आये अपने आप ।।
फिर भी तुझे धर्म से प्रीति ।
निभा फिर अपने कुल की रीति ।।
यज्ञ कर जीत स्वर्ग सुखधाम ।
ऋषीश्वर करते यह शुभ काम" ।।

सिद्धार्थ का उत्तर

निरंतर बिम्बसार का वचन ।
किया सिद्धार्थ शान्तिमय श्रवण ।।
न विचलित हुआ ज्ञान-विज्ञान ।
रहा वह संयत मेरु समान ।।
कहा, ''हे राजन आप सुयोग्य ।
आपके वचन आपके योग्य ।।
आपका कुल खुद आप महान ।
राजसी चिन्ह सिंह बलवान ।।
मित्र हित चिन्तक उत्तम आप ।
मैत्री श्रेष्ठ मानते आप ।।
परिस्थिति हो जाये प्रतिकूल ।
न पाते आप मित्र को भूल ।।
प्राप्त सम्पत्ति मित्र के लिए ।
श्रेष्ठ जो धर्म धर्म के लिए ।।
निरंतर करे सहज उपयोग ।
सार्थक वह सम्पत्ति का भोग ।।
नष्ट हो सम्पत्ति ऐसे काज ।
नहीं तब दुख दायक महाराज ।।
आप हैं कितने गुणी उदार ।
आपका कथन बहुत आभार ।।
घेर लें मुझे सर्प चहुँओर ।
गिरे आकाश बज्र का छोर ।।
आग हो बहुत भयानक आग ।
न इनसे डर कर सकता भाग ।।

इंद्रियों के अति दुष्कर विषय ।
न इनसे हो पाता मैं अभय ।।
अस्थिर विषय विनाशक सुक्ख ।
मिटाते धन वैभव दे दुक्ख ।।
विश्व में अन्तः शून्य समान ।
भ्रमित माया जैसा यह ज्ञान ।।
आस के समय सुनो हे मित्त ।
मनुज का करते चंचल चित्त ।
और जब कर लेते हैं ग्रास ।
अंत में होता तब आभास ।।
सिर्फ यह मर्त्य लोक में नहीं ।
देख लो दिव्य लोक में कहीं ।।
विषय अनुरक्त नहीं है सुखी ।
दुखी ही दुखी दुखी ही दुखी ।।
अग्नि जब चले हवा हो श्वास ।
नहीं ईंधन से बुझती प्यास ।।
विषय के लिए जिये ले आस ।
नहीं बुझती उसकी भी प्यास ।।
अविद्या ग्रसित रहे अनुरक्त ।
बनें विषयों के वे ही भक्त ।।
हुआ जो विषयों से भयभीत ।
करे वो क्यों विषयों से प्रीत ।।
उदधि से घिरी अवनि यह जीत ।
सोचते भूपति बाकी जीत ।।
जलधि लेता नदियों से नीर ।
निरंतर फिर भी रहे अधीर ।।
न जाने कैसी उसकी प्यास ।
जो न बुझपाती उसकी प्यास ।।

जीत कर सागर चारों ओर ।
स्वर्ण वर्षा बरसी घनघोर ।।
शुक्र का अर्ध राज्य ले लिया ।
मानधाता ने जीवन जिया ।।
सदा विषयों में खोया रहा ।
अविद्या में ही सोया रहा ।।
नहुष ने स्वर्ग लोक सुख भोग ।
इन्द्र को हरा दे दिया जोग ।।
पालकी ढोते थे ऋषि सदा ।
रहा वह विषयों में सर्वदा ।।
लगाता विषय पाशविक दाव ।
समझलो मुश्किल बहुत बचाव ।।
पहन कर वल्कम वस्त्रम् जिया ।
फूल फल खाकर पानी पिया ।।
सर्प सी लम्बी लम्बी जटा ।
घिरी हो सिर पर जैसे घटा ।।
नहीं बच पाया ऐसा सन्त ।
हो गया विषय-भोग में अन्त ।।
विषय आसक्त मनुज का दोष ।
जानकर जिसको आता होश ।।
न फटके वह विषयों के पास ।
यही है सुक्ख, सुक्ख की आस ।।
सफल हो अगर विषय आसक्ति ।
समझ लो वह भी एक विपत्ति ।।
प्राप्त हो जिसको इच्छित विषय ।
समझता वह अपने को अभय ।।
चाहिये करना जाता भूल ।
कार्य करता है वह प्रतिकूल ।।

अंततः पाता दुगना दुक्ख ।
नहीं मिल पाता उसको सुक्ख ।।
काम विषयों से सुख का सार ।
इस तरह जैसे क्षणिक उधार ।।
संयती बुद्धिमान स्वच्छन्द ।
भला कैसे लेगा आनन्द ।।
इंद्रियाँ नाशवान जिस तरह ।
काम भी नाशवान उस तरह ।।
रमण जो इनमें करता सदा ।
दुक्ख पाता है वो सर्वदा ।।
निर्दयी क्रुद्ध सर्प की तरह ।
विषय डस लेता है हर जगह ।।
भला ऐसे सर्पों की चाह ।
करे क्यों बुद्धिमान परवाह ।।
काम फैंके टुकड़ों-सा मांस ।
खींचता धनिक रंक की सांस ।।
अस्थियाँ चाटे कोई श्वान ।
तृप्त कब होते उसके प्राण ।।
अस्थि पंजर जैसा ही काम ।
तुष्टि पायेगा क्या निष्काम ।।
गीत से सम्मोहित हो हिरण ।
प्राप्त कर लेता असमय मरण ।।
ज्योति चमकीली देख पतंग ।
लिपटता और जलाता अँग ।।
मांस के लालच में वह दीन ।
निगल जाती है काँटा मीन ।।
कहा है काम भोग्य है भोग्य ।
किन्तु क्या कहो भोगने योग्य ।।

*

पानी इसलिए कि प्यास बुझे ।
भोजन इसलिए कि भूख मिटे ॥
कपड़े इसलिए कि बदन ढके ।
मकान इसलिए कि मनुज बसे ॥
शैया हरती है नींद सुनो ।
वाहन हरता है थकन सुनो ॥
इस्नान स्वास्थ्य का साधन है ।
बैठन के लिए सुआसन है ॥
ये बाह्य पदार्थ सुमनभावन ।
केवल दुःख हरने के साधन ॥
ये साधन भोग्य नहीं होते ।
सुधिजन के योग्य नहीं होते ॥
ये सभी क्योंकि हैं काम विषय ।
मैं नही मानता भोग्य विषय ॥
लगती जो स्थिति सुखदायक ।
सचमुच वह होती दुःख दायक ॥

सुगंधित धूप वस्त्र अति गर्म ।
शीतऋतु में लगते सुख धर्म ॥
ग्रीष्म ऋतु में इसके विपरीत ।
न रहती इनसे हमको प्रीत ॥
लेप चंदन चंदा की किरण ।
ग्रीष्म ऋतु में सुख का आवरण ॥
शीत ऋतु में इसके विपरीत ।
न रहती इनसे हमको प्रीत ॥
यशापयश लाभ हानि सुख दुक्ख ।
वस्तुएं सब इनके सम्मुक्ख ॥

सुनो बस इनके हैं आधीन ।
कहूँ क्या, खुद हैं आप प्रवीण ।।
इसलिए सुख या दुक्ख सदैव ।
नहीं पा सकता कोई दैव ।।
देखता जब मैं सुख-दुख एक ।
समझता राज्य दासता एक ।।
न राजा हँसता हरदम यहाँ ।
दास भी रोता हरदम कहाँ ।।
क्योंकि राजा के सिर पर भार ।
इसलिए है वह ज़िम्मेदार ।।
टंगे खूंटी पर जैसे वसन ।
यही होता राजा का चलन ।।
प्रजा के कष्ट सहन के लिए ।
जिए बस केवल राजा जिए ।।
राज्य है अपना अतिप्रिय जिसे ।
त्यागता राज्य एक दिन उसे ।।
वक्र गति चले राज्य दिन-रात ।
नहीं राजा राज्याश्रित तात ।।
समझलो वह कायर नरराज ।
उसे क्या सुख देगा तब राज ।।
जीत ले सारी धरती जीत ।
सुनो अचरज यह मेरे मीत ।।
करेगा एक नगर ही वास ।
वहाँ भी एक महल में खास ।।
और सब कुछ रैयत के लिए ।
उम्र अपनी तक राजा जिए ।।
चाहिये कपड़ा तन भर उसे ।
चाहिये भोजन मन भर उसे ।।

चाहिये शैया उसको एक ।
ज़रूरत यही सभी की एक ।।
वस्तुएं ये उनका उपयोग ।
यही संतुष्टि मनुज का भोग ।।
तब भला मैं क्यों चाहूँ राज ।
नहीं है राजा सकल समाज ।।
जा रहा काम-भोग मैं छोड़ ।
सभी से अपना नाता तोड़ ।।
आप हैं मेरे अच्छे मित्र ।
प्रलोभन फिर किसलिए विचित्र ।।
ध्यान धर सोचें बारम्बार ।
जगत में काम-विषय क्या सार ।।
रोष में गृह न त्याग मैं चला ।
न भय है किसी शत्रु से भला ।।
चुना कुछ पंथ और ही और ।
लगन कुछ लगी और ही और ।।
आपका यह प्रस्ताव महान ।
न स्वीकृत मुझे मान्य श्रीमान् ।।
भयानक क्रुद्ध सर्प से बचे ।
अग्नि विकराल काल से बचे ।।
करे फिर पुनः उधर प्रस्थान ।
ठीक ऐसा गतिमय इंसान ।।
भोग सकता है विषयी भोग ।
नहीं मेरे वश का यह रोग ।।
दृष्टि जिसकी हो उत्तम नाथ ।
करे ईर्ष्या अँधे के साथ ।।
मुक्त हो और मुक्त सा फिरे ।
बंधे से किन्तु ईर्ष्या करे ।।

विकट धन-दौलत से घर भरे ।
किन्तु ईर्ष्या निर्धन से करे ।।
स्वस्थ हो चित्त तेज-सा झरे ।
किन्तु ईर्ष्या पागल से करे ।।
यहाँ ऐसा ही कोई मित्र ।
काम आसक्त जीव से पित्र ।।
ईर्ष्या कर सकता है पित्र ।
किन्तु मैं कभी नहीं वह मित्र ।।
धनी जो धन तृष्णा में व्याप्त ।
उसे इस लोक नहीं सुख प्राप्त ।।
न मिलता उसे उम्र भर चैन ।
दुक्ख ही दुक्ख सदा दिन-रैन ।।
कहा जो भी कुल के अनुरूप ।
आपने, आप बड़े हैं भूप ।।
आप करुणामय शील स्वरूप ।
आपका तेज आपका रूप ।।
किन्तु मेरे कुल के अनुरूप ।
शील जीवनचर्या का रूप ।।
हमारा दृढ़ निश्चय यह अटल ।
अटल अति अटल अटल अति अटल ।।
कलह सांसारिक से उद्‌भ्रान्ति ।
इसलिए चला खोजने शान्ति ।।
चाहता मैं दुक्खों का अंत ।
इसलिए सुनें, उम्र पर्यन्त ।।
आप कहते पृथ्वी का राज्य ।
न चाहूँ दिव्य लोक साम्राज्य ।।
राजन! धर्म, अर्थ औ' काम ।
मनुज के लिए व्यर्थ बेदाम ।।

नहीं ये दे सकते संतोष ।
नित्य भी नहीं सत्य यह घोष ॥
आप कहते तरुणाई भ्रमित ।
भटक जाना भी इसका उचित ॥
उचित वार्धक्य भजन में रमे ।
छोड़ संसार किसी वन जमे ॥
अचंचल हो सकता है तरुण ।
और चंचल वार्धक्यिय ग्रहण ॥
किन्तु यह मृत्यु सुनिश्चित कभी ।
उठा ले चाहे जिसको जभी ॥
शान्ति पथ अन्वेषक विद्वान ।
जिसे है सदा मृत्यु का भान ॥
प्रतीक्षा वार्धक्यिय क्यों करे ।
मृत्यु जब आगे-पीछे फिरे ॥
मृत्यु मुँह बाये खड़ी कठोर ।
निगलती प्राणी चुप चितचोर ॥
दौड़ता जिमि जंगल का हिरण ।
जीव भी दौड़े ऐसे करुण ॥
तरुण या वृद्ध याकि हो बाल ।
धर्म पथ चले कारुणिक चाल ॥
और हो यज्ञ जीव बध जहाँ ।
नहीं मैं रह सकता हूँ वहाँ ॥
यज्ञ फल हो अनन्त आधार ।
किन्तु वह मुझे नहीं स्वीकार ॥
कामजित सदाचार सद्धर्म ।
जुड़ा हो आत्म संयमी मर्म ॥
याज्ञिक किन्तु न होना ठीक ।
क्योंकि है यज्ञ धर्म की लीक ॥

यज्ञ में कर पशु–बध बाहुल्य ।
प्राप्त कर सकता है कैवल्य ।।
मित्र इस जन्म सुक्ख के लिए ।
दुक्ख जिसने औरों को दिए ।।
कारुणिक बुद्धिमान के संग ।
नहीं ऐसा सुख लगता अँग ।।
भला अदृश्य लोक है जहाँ ।
मिले सुख ऐसा निश्चित कहाँ ।।
जन्म अगले में प्रतिफल वरूं ।
कर्म इस आशा से मैं करूं ।।
सुक्ख भावी जन्मों में मित्र ।
कल्पना मैं क्यों करूँ विचित्र ।।
करूँ मैं इस निमित्त कुछ काम ।
अनिश्चित दिशा अस्थिर धाम ।।
सुनो! घन वर्षा से जिस तरह ।
प्रताणित पौधा हो उस तरह" ।।
जोड़कर दोनों अपने हाथ ।
झुकाया बिम्बसार ने माथ ।।
"बिना बाधा के अतिशय प्रबल ।
आप हों निश्चित–निश्चित सफल ।।
प्राप्त हो जाये मरम विशेष ।
पधारें अवश हमारे देश" ।।
और फिर दरबारी जन साथ ।
महल निज चला गया नरनाथ ।।

+

पाँच परिव्राजक

वहीं गौतम के ही नज़दीक ।
देख स्थान स्वच्छ रमणीक ॥
अश्वजित, महानाम, कोण्डिन्य ।
वाष्प, भद्रिक ये नाम सुधन्य ॥
पाँच परिव्राजक आकर रुके ।
देख गौतम की आभा झुके ॥
सोचने लगे उम्र यह अहा ।
प्रव्रज्या का क्या कारण रहा ॥
अंततः बिम्बसार की तरह ।
वार्ता, परिचय, दर्शन, जिरह ॥
"त्याग कर आये तुम धन-धाम ।
बाद में क्या निकला परिणाम" ॥
प्रश्न गौतम से किया हठात् ।
"बताओ, नहीं मुझे कुछ ज्ञात" ॥
"शाक्यजन बिगड़ पड़े चहुँओर ।
हो गया कपिलवस्तु में शोर ॥
नहीं, हम युद्ध करेंगे नहीं ।
छिड़ गया आन्दोलन हर कहीं ॥
प्रदर्शन जलूस नारे लगे ।
लोग मानो सोये थे, जगे ॥
शाक्य जन होकर बोले क्रुद्ध ।
कोलियों से न लड़ेंगे युद्ध ॥
परस्पर हम भाई हम मित्र ।
देखिये कितनी बात विचित्र ॥

संधि हो गई न रहा प्रपंच ।
चुने दोनों ने मिलकर पंच ।।
पाँच कोलीय पाँच थे शाक्य ।
सभी ने सुलझाये सब वाक्य ।।
हुई पंचायत एक नियुक्त ।
काम दोनों का यह संयुक्त ।।
उठा यदि जल पर कभी विवाद ।
सुनेगी पंचायत फरियाद ।।
न आवश्यक परिव्राजक रहो ।
राह तुम कपिलवस्तु की गहो'' ।।
"सुनाया इतना उत्तम हाल ।
हमारा तन-मन हुआ निहाल ।।
जीत यह हुई हमारी जीत ।
किन्तु संकल्प सुनो हे मीत ।।
नहीं, अब जाऊँगा घर नहीं ।
रहूँगा परिव्राजक अब कहीं'' ।।
''करोगे क्या'' गौतम से कहा ।
"तपस्या बस यह निश्चय रहा ।।
चलो, तुम भी चाहो तो चलो ।
तपस्या करके फूलो-फलो'' ।।
''नहीं बाकी पंथों की तौर ।
परीक्षा और करूँगा और'' ।।
''ठीक है'' परिव्राजक कह गये ।
अकेले गौतम तब रह गये ।।

उद्वेलन

सुखद घटना ने जब मन छुआ ।
हुआ कुछ हुआ अजब-सा हुआ ।।
सोचने लगे चलूँ घर चलूँ ।
और अपने परिकर से मिलूँ ।।
संभालूं राजकाज धन धाम ।
महल में रहूँ करूँ आराम ।।
यशोधरा कर-कर के स्मरण ।
जी रही होगी पल-पल मरण ।।
और वह राहुल पुत्र अबोध ।
जिसे है नहीं पिता का बोध ।।
और मौसी भर कर डिड़कार ।
मचाती होगी हाहाकार ।।
पिताश्री सह कर सब चुपचाप ।
जी रहे होंगे वे संताप ।।
हमारे प्रिय पुरवासी लोग ।
मनाते होंगे हरदम सोग ।।
चला जाऊँ क्या जाना सही ।
लगा कुछ शंका मन में रही ।।
युद्ध तो लगता मात्र विरोध ।
बड़ा इससे भी कुछ अवरोध ।।
जातियों राजाओं के बीच ।
न केवल है विरोध की कीच ।।
क्षत्रियों में विरोध की तान ।
ब्राह्मणों में विरोध का भान ।।

पिता माँ पुत्र बहिन परिवार ।
सभी में यह विरोध आधार ।।
जातियों वर्गों में संघर्ष ।
यही दुख कष्टों का उत्कर्ष ।।
समस्या सामाजिक गंभीर ।
पीर संघर्ष दायिनी पीर ।।
बहुत आवश्यक इसका हल ।
खोज लूँ जग के लिए सुफल ।।
ज्ञान दर्शन के स्त्रोत अनेक ।
कहीं यदि मिल जाये हल एक ।।
लिया दृढ़ निश्चय दृढ़ मन्तव्य ।
किया स्थिर अपना गंतव्य ।।
परीक्षण स्वयं करूँगा मैं ।
दर्शन-शास्त्र पढूँगा मैं ।।
ठान ऐसी मन अपने ठान ।
किया गौतम ने तब प्रस्थान ।।

*

भृगु आश्रम में

अरे मन छोड़ राज गृह धाम ।
चल वहाँ जहाँ आलार कालाम ।।
राह में भृगु ऋषि आश्रम निरख ।
सोच मन में यह कुछ लूँ परख ।।
चले गौतम आश्रम की ओर ।
ब्राह्मण देख निकट चहुँओर ।।
लिए हाथों में समिधा फूल ।
और आवश्यक जो अनुकूल ।।
देख तेजस्वी अति सिद्धार्थ ।
हुए मन ही मन बहुत कृतार्थ ।।
किया गौतम का सबने मान ।
दिया गौतम ने भी सम्मान ।।
स्वर्गकामी तप तपसी लीन ।
निरखते गौतम उन्हें प्रवीन ।।
बताया भृगु ने बारम्बार ।
तपस्या अर्थ और आचार ।।
तपस्या क्या फल देती यहाँ ।
तपस्वी क्या फल पाता कहाँ ।।
धर्म-शास्त्रों के अनुसार ।
तपस्या अलग अलग आहार ।।
निरग्नि पानी से भोजन बना ।
जेमता कोई कर साधना ।।
पत्तियां खाये कोई फूल ।
और कोई बस खाये मूल ।।

उरग की तरह पिये कोई वायु ।
कोई चुगने में बिताता आयु ।।
कई मृग सम खाते हैं घास ।
जिन्हें इस तप में है विश्वास ।।
कई कंकड़-पत्थर से सदा ।
प्राप्त करते भोजन-सम्पदा ।।
पीसते कुछ दाँतों से अन्न ।
वही खा रहते सदा प्रसन्न ।।
जटायें जिनकी बेहद बड़ी ।
अर्घ्य अर्पण करते हर घड़ी ।।
समर्पण अग्नि देव के लिए ।
उम्र भर इसी तरह से जिए ।।
मछलियों जैसे भी हैं कई ।
डुबकते पानी में निर्दई ।।
कष्ट जितना शरीर को मिले ।
तपस्या उतनी ज़्यादा फले ।।
सहेगा कष्ट यहाँ सर्वदा ।
स्वर्ग में सुख भोगेगा सदा ।।
कष्ट मध्यम जो तप में सहे ।
सुखी नित मर्त्य लोक में रहे ।।
कहा तब गौतम ने साभार ।
"आश्रम ऐसा पहली बार ।।
देख कर समझ न पाया तत्त्व ।
तपस्या का क्रमवार महत्त्व ।।
कष्ट तपसी का निश्चय फले ।
और फिर उसे स्वर्ग सुख मिले ।।
किन्तु मैंने यह किया विचार ।
भोगता क्यों दुख यह संसार ।।

दुक्ख का कारण क्या है संत ।
किस तरह होगा दुख का अंत ।।
करूँगा मुनिवर मैं प्रस्थान ।
योग विद्या का लूँगा ज्ञान ।।
सांख्य दर्शन पढ़ने की चाह ।
मिले संभवतः कोई राह ।।
एक मुनि श्री आलार कालाम ।
श्रेष्ठ ऋषियों में उनका नाम ।।
चाहता जाना उनके पास ।
बतायें वे कुछ यह विश्वास'' ।।
सहज मुसकाये भृगु ने कहा ।
''धन्य संकल्प लक्ष्य क्या अहा ।।
स्वर्ग सुख और मोक्ष में फर्क ।
दिया है तुमने सुगठित तर्क ।।
चाहते मोक्ष स्वर्ग सुख त्याग ।
गये तुम निश्चय जग में जाग ।।
चले जाओ तुम विंध्य प्रदेश ।
वही आलार कालाम का देश ।।
रहस्य निरपेक्ष सुखों के सभी ।
विज्ञ उन सम ना कोई अभी ।।
किन्तु मैं समझ रहा सिद्धार्थ ।
न तुम पाओगे वहाँ यथार्थ" ।।
विदा ले ऋषि मंडल से चला ।
चला फिर गौतम आगे चला ।।

साँख्य अध्ययन

नगर वैशाली के सन्निकट ।
स्वच्छ सुन्दर इक आश्रम विकट ।।
वहीं ठहरा आलार कालाम ।
गया सिद्धार्थ आश्रम धाम ।।
नमन कर कहा, "सुनें श्रीमान् ।
दीक्षित करें और दें ज्ञान" ।।
"तुम्हारा स्वागत अतिशय तरुण ।
श्रेष्ठ तुम जैसे पावक-वरुण ।।
तुम्हारा शील चरित संकल्प ।
बहुत विस्तार नहीं है अल्प ।।
पात्र तुम योग्य मुझे यह लगा ।
इसलिए मेरा मन भी जगा ।।
साँख्य सिद्धान्त अपार अनन्त ।
समझता जिसको विरला सन्त" ।।

दीक्षित किया सिखा दिया साँख्य योग विज्ञान ।
तुष्टि न गौतम को मिली हटा नहीं अज्ञान ।।

समाधि मार्ग

उठी गौतम मन प्रबल उमंग ।
क्यों न सीखें समाधि का ढंग ।।
उस समय ध्यान मार्ग थे तीन ।
समाधिक जिनमें रहते लीन ।।
किन्तु तीनों में एक समान ।
बात थी सांस नियंत्रण ज्ञान ।।
प्राण आयाम योग अति सबल ।
भेद हैं तीन श्रेष्ठतम् प्रबल ।।

●

एक भेद पूरक कहलाता
भीतर सांस खींचना ।
और दूसरा कुम्भक जिसमें
सांस रोक कर रखना ।।
भेद तीसरा रेचक जिसमें
बाहर सांस निकलती ।
प्राणायाम करे नित जो भी
उससे सांस संभलती ।।
एक भेद है और बताते
तपसी योगी ऐसा ।
समाधि मार्ग उसे कहते हैं
योग न कोई वैसा ।।
ध्यान मार्ग में अति निष्णाती
यह आलार कालाम ।

ज्ञात हुआ गौतम को फलतः
वहीं किया विश्राम ।।
"शिक्षित कर दो ध्यान मार्ग में"
गौतम कह मुसकाये ।
तब आलार कालाम ने
उनको भेद सभी समझाये ।।
ध्यान मार्ग की सात सीढ़ियाँ
सीखे गौतम नियमित ।
किया गहन अभ्यास निरंतर
हुए पूर्णतः दीक्षित ।।
तब आलार सहज ही बोला,
"मित्र तुम्हें समझाऊँ ।
और नहीं कुछ पास हमारे
जो तुमको सिखलाऊँ" ।।

ग्रहण विदा कर चल पड़े गौतम चतुर सुजान ।
तुष्ट नहीं मन हो सका लगा अधूरा ज्ञान ।।

सुन ऋषि रामपुत्त की गाथा
गौतम पहुँचे आश्रम ।
योग और अभ्यास निरंतर
करते रहे परिश्रम ।।
अष्टम सीढ़ी लांघ कहा,
"कुछ ऋषिवर और सिखायें" ।
"नहीं और कुछ शेष नहीं
अब क्या हम तुम्हें बतायें" ।।
कोशल जनपद के सन्तों से
सीख योग तप साधन ।
फिर वह गये मगध जनपद में
सोच, मिले कुछ पावन ।।

सांस निरोध चित्त एकाग्रित
ध्यान समाधि सरीखा ।
ऋषिवर सन्त और गुणियों से
योग-भेद बहु सीखा ।।

चित्त न हुआ शान्त गौतम का मिला न मन का छोर ।
त्याग आश्रम भृगुन के गया गया की ओर ।।

❑

तपस्या-परीक्षण

वहाँ उरुवेला में रमणीक ।
नेंगरीऋषि का आश्रम ठीक ।।
निरंजना नदी स्वच्छ जल बहे ।
गहन एकान्त न कोई रहे ।।
तपस्या करूँ सुनिश्चय किया ।
शान्त एकान्त एक चुन लिया ।।
वही परिव्राजक लख मन खिले ।
राजगृह में तब जो थे मिले ।।
थके तन विकट दीन मन हीन ।
तपस्या में पाँचों थे लीन ।।
कहा गौतम से हो लाचार ।
"गये हम हार-गये हम हार ।।
करो तुम अपना करतब शुरू ।
शिष्य हम पाँचों तुम हो गुरू" ।।
हुए सिद्धार्थ तपस्या लीन ।
टहल करते वे पाँचों दीन ।।
कष्ट बढ़ चढ़ कर तन को दिया ।
कभी कुछ खाया या जल पिया ।।
सात घर तक भिक्षाटन किया ।
दिया जिसने जो सो ले लिया ।।
कभी सप्ताह कभी इक पाख ।
रहा वो सिर्फ चाट कर राख ।।
कभी पेड़ों की खाई छाल ।
कभी चावल की भूसी लाल ।।

कभी खाये जड़ पत्ता फूल ।
कभी खाई पथरीली धूल ।।
कभी वह पीता केवल हवा ।
समझ कर तप साधन की दवा ।।
पहनता सन रस्सी के वसन ।
तपस्या की अति गहरी लगन ।।
पेड़ की छाल और मृग चर्म ।
पहनना यही समझता धर्म ।।
कभी उल्लू के पंख बटोर ।
कभी पशु बाल खाल सब जोर ।।
बना कर वस्त्र पहनता सदा ।
यही उस गौतम की सम्पदा ।।
नौचता सिर दाढ़ी के बाल ।
स्वयं करता अपना बेहाल ।।
पालथी मार सरकता कभी ।
न होता खड़ा लुढ़कता कभी ।।
पर्त दर पर्त मैल जम गया ।
एक सीमा तक तन थम गया ।।
हड्डियाँ मृत मनुष्य की जुटा ।
उन्हें सोया सिरहाने सटा ।।
शीत ऋतु बिना वस्त्र वह रहा ।
कष्ट सहने से ज्यादा सहा ।।
ग्रीष्म ऋतु में तन के अनुरूप ।
ग्रहण करता वह दिन भर धूप ।।
जागता कई-कई दिन-रात ।
न करता कई-कई दिन बात ।।
फली बस खाकर दिन में एक ।
बिताये उसने दिवस अनेक ।।

एक दाना सरसों का अहा ।
बहुत दिन तक वह खाता रहा ।।
और दिनभर में चावल एक ।
इस तरह बीते दिवस अनेक ।।
हो गया दुर्बल बहुत शरीर ।
किन्तु मन की न मिट सकी पीर ।।

तपस्या त्याग

इस तरह बीत गये छः साल ।
हो गया तन का अति बेहाल ॥
तपस्या नहीं मोक्ष का द्वार ।
सोच सिद्धार्थ हुए लाचार ॥
स्वर्ग सुख या सांसारिक भोग ।
प्राप्त करने को सारे लोग ॥
झेलते कष्ट उठाते दुक्ख ।
खोजते भटक-भटक कर सुक्ख ॥
किन्तु क्या है यह उत्तम धर्म ।
कष्ट पाये शरीर यह कर्म ॥
करे क्या ऐसा यकदम ठीक ।
नहीं, यह नहीं उचित है लीक ॥
करे जब प्रेरित यह मन करे ।
तभी कुछ जग में यह तन करे ॥
तन नहीं मन केवल है भोग्य ।
वही है सिर्फ साधना योग्य ॥
मन रहित यह शरीर अज्ञान ।
लगे यह केवल श्वान समान ॥
सिर्फ होती यदि तन की बात ।
शुद्ध भोजन से मिटते घात ॥
प्रश्न यह मन का एक विशिष्ट ।
कष्टमय यदि शरीर संश्लिष्ट ॥
रहे तब कैसे मन यह शान्त ।
भटकता और रहेगा भ्रान्त ॥

स्वस्थ तन तो मन होगा स्वस्थ ।
स्वस्थ यह जीवन होगा स्वस्थ ।।
प्राप्त तब हो सकता है ज्ञान ।
मुझे होता है ऐसा भान ।।

*

वहीं उस उरुवेला के पास ।
एक गृहपति का था आवास ।।
नाम सेनानी था, वह नेक ।
सुजाता उसकी दुहिता एक ।।
वहीं न्यग्रोध वृक्ष के लिए ।
सुजाता ने व्रत-पूजन किए ।।
हुआ यदि पुत्र-लाभ, मय हर्ष ।
चढ़ाऊँ भेंट एक प्रति वर्ष ।।
उसी क्रम पुण्णा दासी बुला ।
कहा "जा तेरा भी हो भला ।।
सजा तू जा कर पूजन धाम ।
अभी आती निबटा मैं काम" ।।
गई पुण्णा देखा सिद्धार्थ ।
और मन ही मन हुई कृतार्थ ।।
आह! यह वृक्ष देव साकार ।
धरा का आये हरने भार ।।
न तब मन उसके धीरज रहा ।
सुजाता से सब जाकर कहा ।।
सुजाता स्वर्ण पात्र ले चली ।
तुरत गौतम से जाकर मिली ।।
करें हे देव खीर स्वीकार ।
दर्श कर जीवन धन्य अपार ।।

ले लिया स्वर्ण पात्र वह नया ।
और सुपतिट्ठ घाट तक गया ।।
किया इस्नान खा गया खीर ।
पिया ऊपर से शीतल नीर ।।
कर दिया तप का ऐसे अन्त ।
मोह तज देते जैसे सन्त ।।
हो गये परिव्राजक वे रुष्ट ।
जिन्होंने सहे साथ अति कष्ट ।।
अन्ततः साथ छोड़ वे गये ।
अकेले फिर गौतम रह गये ।।

पाँच स्वप्न

खीर खा वह सो गया कृतघ्न ।
पाँच तब देखे उसने स्वप्न ।।
जगा सपनों का जोड़ा अर्थ।
गया अपने को समझ समर्थ ।।
स्वप्न का मतलब यकदम शुद्ध ।
बोधि कर प्राप्त बनेगा बुद्ध ।।
खीर का पात्र नदी में बहा ।
वचन उसने मन ही मन कहा ।।
बनूँ यदि बुद्ध पात्र यह फिरे ।
धार के ऊपर सीधा तिरे ।।
हुआ मन चाहा जैसा गढ़ा ।
पात्र ऊपर ही ऊपर बढ़ा ।।
नागपति कालभवन के पास ।
पात्र डूबा देकर विश्वास ।।
छोड़ उरुवेला वह चल पड़ा ।
बन गया पूरे मन से बड़ा।।
राजपथ पर आगे समकक्ष ।
देख पीपल का उन्नत वृक्ष ।।
अन्न चालीस दिनों के लिए ।
संजोया खाकर जीवन जिए ।।
कहा ऋषियों ने ऐसा मान ।
क्लेश-क्षय पूर्व दिशा दे ज्ञान ।।

बैठ **पद्मासन** में वह गया
अन्ततः उस पीपल के तले ।
किया दृढ़ निश्चय दृढ़ संकल्प
उठूँगा तभी बोधि जब मिले ।।
रक्त सूखे या सूखे मांस
सूख रह जाये सकल शरीर ।
हड्डियाँ, नसें, त्वचा बच जाय
किन्त मन होगा नहीं अधीर ।।
नागपति नागराज जग गया
वामांगी स्वर्णप्रभा जग गई ।
देख आभा गौतम की उन्हें
बनेगा बोधि आस यह भई ।।
कहा स्तुति करने के बाद
"सुनो हे मुनिवर! बारम्बार ।
तुम्हारे पाँव तले यह धरा
कर रही बार-बार गुंजार ।।
सूर्य सा तेज तुम्हारा तपे
लगे मन निर्मल-पावन-शुद्ध ।
हमें यह सत्य हो गया ज्ञात
बनोगे तुम्ही धरा पर बुद्ध ।।
बह रहा मंथर मलय समीर
कह रहे खग-मृग तुम्हें प्रणाम ।
इसलिए हे कमलाक्ष सुबोध
बनोगे तुम्हीं बुद्ध निष्काम" ।।

*

मार विजय

लगाया ध्यान लीन वह हुआ
किन्तु मन बंध न सका चितचोर ।
चेतना बुरी, विचार अशुद्ध
झुण्ड के झुण्ड घिरे चहुँओर ।।
पुराणों में ये वर्णित झुण्ड
कहा जाता है इनको मार ।
आक्रमण करने लगे अचूक
तुरत गौतम पर बारम्बार ।।
हुए गौतम तत्क्षण भयभीत
साधना हो न कहीं यह विफल ।
हार मैं जाऊँ अब यह युद्ध
मार हो जाये यकदम सफल ।।
मार यह बहुत अधिक बलवान
रूष अनगिनत किन्तु है एक ।
विजयश्री रहती इसके साथ
हराये इसने संत अनेक ।।
अन्ततः सारी शक्ति बटोर
कहा गौतम ने, "सुन हे मार ।
वीर्य, श्रद्धा, प्रज्ञा मम पास
इसलिए मैं न सकूँगा हार ।।
सुखादे नदी पवन संभाव्य
जलादे अग्नि अवनि संभाव्य ।
उगे पश्चिम में रवि संभाव्य
कलायें तजे चंद्र संभाव्य ।।

किन्तु सुन मार नहीं संभाव्य
हमारी हार नहीं संभाव्य ।
पराजित हुआ अगर मैं आज
हमारी मृत्यु अवश संभाव्य'' ।।
जिस तरह भूखा उड़ कर काग
गढ़ाये पत्थर पर जा चौंच ।
समझ कर उसको चर्बी-मास
लगाये शक्ति उम्र भर नौंच ।।
अंततः उड़ कर भूखा चले
न आये कुछ भी उसके हाथ ।
इस तरह चला गया वह मार
लिए सेनायें अपनी साथ ।।

ज्ञान लाभ

हुए निश्चिन्त किया संकल्प
अन्ततः ध्यान मग्न हो गये।
किया मन एकाग्रित सब तरह
ज्ञान की प्राप्ति हेतु खो गये ।।
अवस्था वितर्क और विचार
पार कर गये सहजतम् शान्त ।
न पल भर मन विचलित हो सका
क्योंकि भोगा था अति एकान्त ।।
प्राप्त होगा निश्चय ही ज्ञान
लगा मन कहने बारम्बार ।
स्वयं एकाग्र शक्ति आ गई
अवस्था द्वितीय हो गई पार ।।
अवस्था तृतीय हुई आरंभ
चित्त सम और जागृति संग।
अवस्था चौथी में वह गये
जहाँ सब मोह हो गया भंग ।।
हुआ सम चित्त पवित्रता जुड़ी
साथ आ जागरूकता जुड़ी ।
चार सप्ताह लगाकर ध्यान
प्राप्त की बोधि शक्ति यह बड़ी ।।
चित्त एकाग्र शुचित वह हुआ
न कोई कलुष न कोई दोष ।
सुकोमल दक्ष, सुदृढ़, सम्पन्न
न कोई राग न कोई रोष ।।

पहुँच ऐसी स्थिति में तुरत
लगाया उसने समुचित ध्यान।
समस्या वही एक गंभीर
हुआ था मन जिससे हैरान।।
समस्या एक दुक्ख ही दुक्ख
दुक्ख से पीड़ित सब संसार ।
समस्या द्वितीय दुःख किस तरह
दूर हो, सबका हो उद्धार ।।
चार सप्ताह बाद इस तरह
अविद्या, अंधकार मिट गया ।
हुआ जगमग प्रकाश प्रस्फुटित
उसे पथ नया एक दिख गया ।।

❄

नये धर्म का आविष्कार

कष्ट औ' दुक्ख भरा संसार
ज्ञात था उसे अमिट यह सत्य ।
किन्तु यह दुख कैसे हो दूर
करे क्या मानव ऐसा कृत्य ।।
स्वयं से प्रश्न किया यह स्वयं
दुक्ख का कारण क्या है यहाँ ।
दुक्ख का सर्वनाश हो जाय
निवारण क्या हो सकता कहाँ ।।
प्रश्न दोनों का उत्तर उसे
यकायक मन ही मन मिल गया ।
यही सम्यक् संबोधि महान
अवनि पर नया पुष्प खिल गया ।।
इसी कारण वह पीपल वृक्ष
हो गया बोधि वृक्ष इस तरह ।
चार सप्ताह जहाँ पर बैठ
बने सिद्धार्थ बुद्ध जिस तरह ।।

सम्यक् सम्बुद्ध

बुद्ध बनने के लिए सदैव
यत्नरत रहता प्राणी तत्त्व ।
वही होता रहता अवतरित
विश्व में बोधिसत्त्व अस्तित्त्व ।।
जन्म दस बोधि सत्त्व अवतरे
और वह बोधिसत्त्व ही रहे ।
प्राप्त करने सम्यक् सम्बोधि
अपरमित पीड़ा जग में सहे ।।
किस तरह बोधिसत्त्व प्रति जन्म
स्वयं से करता अतिशय युद्ध ।
और फिर दस जन्मों के बाद
विश्व में कहलाता वह बुद्ध ।।
जन्म पहले में मुदिता प्राप्त
स्वच्छ कर बोधि सत्त्व मन-मैल ।
चित्त निर्मल वह अपना करे
त्याग कर रहे प्रमाद विषैल ।।
जिस तरह मेघ मुक्त शशि करे
इस तरह जगमग करे दे लोक ।
प्राणियों का हित चाहे सदा
नहीं पहुँचाये उनको शोक ।।
प्राप्त कर लेता विमलाभूमि
दूसरा जब लेता वह जनम ।
काम चेतन से होकर मुक्त
समझ लेता करुणा का मरम ।।

किसी में क्या अवगुण किसलिए
सोच, देता न बढ़ावा कभी।
किसी में क्या-क्या गुण मौजूद
घटाता नहीं उन्हें वह कभी ।।
जन्म तीजे में ऐसा तत्त्व
प्रभाकारी-भू करता प्राप्त ।
स्वच्छ प्रज्ञा दर्पण सदृश्य
करे मन का अज्ञान समाप्त ।।
समझ करता हृदयंगम सदा
अनात्म अनित्यय का सिद्धान्त ।
प्राप्त प्रज्ञा करने के लिए
त्याग करता वह रह कर शान्त ।।
जन्म चौथे में करता प्राप्त
अर्चिअष्मती भूमि निष्काम ।
ध्यान में धर अष्टांगिक मार्ग
चार सम्यक् करता व्यायाम ।।
शील हैं पाँच, चार हैं यत्न
ऋद्धि बल चार बताते संत ।
ध्यान नित इन पर केन्द्रित करे
सत्य यह बोधिसत्त्व गुणवंत ।।
पाँचवां लेकर फिर वह जन्म
भूमि सुदर्जया करता प्राप्त ।
अलग सापेक्ष, अलग निरपेक्ष
बीच क्या नाता इनके व्याप्त ।।
समझता बोधि सत्त्व यह तत्त्व
मलिन मन हो जाता तब धवल ।
विश्व में खिलती ऐसे कीर्ति
खिले जैसे सरवर में कमल ।।
जन्म छठवें में वह अभिमुखी
भूमि पर उतर विचरता सदा ।

जगत में हर प्राणी के लिए
लुटाता करुणा वह सर्वदा ।।
वस्तुओं का विकास किस तरह
यहाँ क्यों होता है किसलिए ।
निदान बारह इनके उपलब्ध
सभी हृदयंगम कर वह जिए ।।
सातवां लेकर जीवन-जन्म
प्राप्त दूरङ्गमा-भू वह करे ।
अनन्त के साथ एक हो जाय
और हो देश-काल से परे ।।
देहधारी फिर भी इसलिए
क्योंकि करुणा का उसमें भाव ।
वीर्य मय तेज प्रज्ञ-आवान
क्षमादानी हो शील स्वभाव ।।
कुशल वह रहे सदा सर्वदा
बुद्धि हो श्रेष्ठ और मन विमल ।
छू सके उसे न तृष्णा कभी
नीर जैसे न छू सके कमल ।।
धर्मज्ञाता होता है स्वयं
और समझाता सबको धर्म ।
भला हो सबका जग में सदा
नित्य करता वह ऐसे कर्म ।।
चित्त स्थिर रखता इस तरह
दुक्ख में नहीं भटकता राह ।
नहीं होता है वह उद्विग्न
न मन में बहता शिथिल प्रवाह ।।
आठवां जब लेता वह जन्म
एकदम हो जाता है अचल ।

कार्य जो भी करता सम्पन्न
सदा होता है उसमें सफल ।।
कुशलतम् अनायास सब कर्म
स्वयं हो जाते बिना प्रयास ।
इस तरह बोधिसत्त्व कृत कृत्य
अवस्था अचल करे आवास ।।
जन्म नौवें में जब अवतरे
साधुमति भूमि करे वह प्राप्त ।
दिशायें सब लेता तब जीत
जहाँ हो जाता शून्य समाप्त ।।
धर्म या पद्धति लेता जीत
पहुँच उनके भीतर चुपचाप ।
समय की सीमा जाता लांघ
छोड़ता अपनी जग में छाप ।।
और दसवें जीवन में प्रकट
धर्ममेधा बन जाता शुद्ध ।
उसे मिल जाती दिव्य सुदृष्टि
वही हो जाता है तब बुद्ध ।।
भूमि दस के अतिरिक्त सुमित्र
और दस पारमितायें नेक ।
जिन्हें करना पड़ता है पूर्ण
एक प्रत्येक जन्म में एक ।।
यही है बोधिसत्त्व अस्तित्व
यही है पराकाष्ठा शुद्ध ।
प्राप्त करता जीवन का तत्त्व
वही बन जाता जग में बुद्ध ।।

*

ब्राह्मण वर्जित जग में एक
प्राप्त अवतारवाद सिद्धान्त ।
अवतरित होकर ईश्वर यहाँ
किया करता दुष्टों का अन्त ।।
धरा पर बोधिसत्व का जन्म
कथा जातक सिद्धान्त प्रमाण ।
ब्राह्मण बौद्ध धर्म के बीच
भेद है भारी, नहीं समान ।।
सर्वगुण सम्पन्नित व्यक्तित्व
बुद्ध के जीवन का आकार ।
नहीं अवतार सिर्फ है जन्म
कथा जातक का यह आधार ।।
अनैतिक हो अथवा अपवित्र
आचरण में ईश्वर अवतार ।
ब्राह्मणवादी यह सिद्धान्त
भक्त रक्षक है वह करतार ।।
जन्म दस उत्तम जीवन जिए
रहे बन बोधिसत्त्व वह शुद्ध ।
करे दस पारमितायें पार
तभी वह बन सकता है बुद्ध ।।
विश्व में और नहीं इस तरह
शर्त रखता है कोई धर्म ।
दूसरे किसी धर्म में नहीं
धर्म संस्थापक का यह कर्म ।।

❖

दार्शनिक मत

ऋचा या स्तुति संग्रह वेद ।
वेद का यही एक बस भेद ।।
मंत्र भी होते इसके अँग ।
सदा वेदों के रहते संग ।।
ऋचा उच्चारण करता सही ।
श्रेष्ठ ऋषि कहलाता है वही ।।
देव को सम्बोधन है मंत्र ।
मंत्र क्या सिर्फ प्रार्थना तंत्र ।।
अग्नि, ईशान, ब्रह्म, यमराज ।
प्रजापति, वरुण, इंद्र महाराज ।।
प्रार्थना इनसे करते लोग ।
चाहते जीवन सदा निरोग ।।
शत्रु से रक्षा हो हर समय ।
प्राप्त धन भक्त करे, हो अभय ।।
प्रार्थना देव करें स्वीकार ।
ग्रहण कर माँस, सुरा आहार ।।
अधिक वेदों में दर्शन नहीं ।
दिखाई देता कुछ-कुछ कहीं ।।
किन्तु कुछ ऋषि-मुनियों के गीत ।
दार्शनिक होते सिर्फ प्रतीत ।।
काल्पनिक जिनमें भरी उड़ान ।
नहीं है कहीं वास्तविक ज्ञान ।।

ऐसे–
कुछ ऋषियों में
अनिल, विश्वकर्मा,

दीर्घतमा, हिरण्यगर्भ, नारायण,
अघमर्षण, बृहस्पति और
प्रजापति, परमेष्ठी
नाम गिने जाते हैं ।

समस्यायें इनकी थी कई
किस तरह उपजा ये संसार।
वस्तुएं अलग-अलग उत्पन्न
कौन है जग का पालनहार ।।
वस्तु का क्यों होता अस्तित्त्व
बनाता कौन सदा हो लीन।
उपजता किससे यह संसार
और फिर होता कहाँ विलीन ।।
अघमर्षण कहता जो वो सुनो
ताप से उपजा यह संसार ।
ताप ही नित्य तत्त्व है एक
यही ऋतु और धर्म आधार ।।
इन्हीं से तम की है उत्पत्ति
और तम से जन्मा है नीर ।
नीर से काल, काल से सूर्य
चंद्रमा, गगन, धरा गंभीर ।।
काल ने अंतरिक्ष भी जना
जना दिन गोरा, काली रात।
उजाला काल दैन ही यहाँ
जगत में श्रेष्ठ काल की बात ।।
बृहस्पति ने समझा कर कहा
सृष्टि निर्माण असत् ने किया ।
और सतरूप मिल गया उसे
सत असत् मरा-सत असत् जिया ।।

प्रजापति परमेष्ठी ने दिया
विश्व को अपना अलग विचार।
सत-असत् रखते नहीं महत्त्व
जगत का जल है मूलाधार॥
निहित जल में है कोई तत्त्व
ग्रहण करता है अपना रूप।
इस तरह बनती है हर वस्तु
और बन जाता स्वयं स्वरूप॥
निहित जो तत्त्व वही है काम
विश्वव्यापी यह इच्छाशक्ति।
यही संसार यही है सृष्टि
यही ईश्वर, ईश्वर की भक्ति॥
अनिल ऋषि का है यह मन्तव्य
विश्व में वायु तत्त्व है प्रबल।
बनाता जग में वह हर वस्तु
और मनचाही देता शकल॥
दीर्घतमा कहता है इस तरह
सूर्य जग का है मूलाधार।
सरकता आगे-पीछे सदा
शक्ति अपनी से बारम्बार॥
सूर्य भूरे पदार्थ से बना
बने वैसे ही विद्युत-आग।
सूर्य, विद्युत, अगनी में नीर
रहा बीजांकुर बन कर जाग॥
ऋषीवर नारायण ने कहा
जगत का कारण पुरुष अमोल।
पुरुष से सूर्य, चंद्र, जल, अग्नि
वायु, पृथ्वी, ऋतु, जीव, खगोल॥
पुरुष से उपजे प्राणी सभी
और सब मानवीय संस्थान।

पुरुष से उपजा मानव वर्ग
विश्व यह सारा पुरुष प्रधान ।।
और यह हिरण्यगर्भ सिद्धान्त
कहते स्वर्णगर्भ भी जिसे ।
ऋषीवर हिरण्यगर्भ परमेष्ठि
रचा है जिसने तप कर इसे ।।
और यह स्वर्णगर्भ वह शक्ति
सृष्टि का मूल, सृष्टि का तत्त्व ।
पार्थिव दिव्य शक्तियाँ अन्य
सभी में है इसका अस्तित्त्व ।।
अग्नि है स्वर्णगर्भ का अर्थ
सौरमंडल का कारण अग्नि ।
विश्व का उपादान यह अग्नि
और उत्पादक भी यह अग्नि ।।
कहा विश्वकर्मा ने जल मूल
इसी से उपजी सारी सृष्टि ।
किन्तु जल कैसे उपजा यहाँ
ठहर जाती है यह सुन दृष्टि ।।
और जल में उत्पादक शक्ति
कहाँ से आई क्या अस्तित्त्व ।
और पृथ्वी, अप, तेज अनन्य
किस तरह उपजे सारे तत्त्व ।।
और फिर उसने यह भी कहा
पुरुष है आदि-पुरुष है अन्त ।
दृश्य जग से पहले है पुरुष
पुरुष ही जग में महा अनन्त ।।
विश्व में जितनी भी शक्तियाँ
सृष्टि में उनका जो अस्तित्त्व ।
और अस्तित्त्व पूर्व अस्तित्त्व
पुरुष ही उसमें पहला तत्त्व ।।

सृष्टि करता है वह उत्पन्न
और करता है वही विनाश।
वही है पिता वही यमराज
वही है उपज वही है नाश ।।
बुद्ध वैदिक ऋषियों में मात्र
मानते, दस ऋषि थे प्राचीन ।
रचे थे मंत्र जिन्होंने कई
सृष्टि क्या, किसके यह आधीन ।।
किन्तु उन मंत्रों में स्पष्ट
बुद्ध को जंचा न कुछ आधार ।
प्रयोजन सिद्ध नहीं कर सके
वेद जैसे बालू कान्तार ।।
सीखने और समझने योग्य
न उनको वेद इसलिए लगे।
नहीं कर सकते जग-कल्याण
ज्ञान की ज्योति न इनसे जगे ।।
न वैदिक दर्शन उनको जंचा
न उसमें पड़ा दिखाई सार।
ऋषीजन चाह रहे थे खोज
सत्य की करें, किन्तु लाचार ।।
भटकते तम में हरदम रहे
मानसिक उड़ते रहे उड़ान ।
यत्न बहु किए नहीं दे सके
सृष्टि को सत्य निष्ठ प्रज्ञान ।।

❋

दार्शनिक कपिल

दार्शनिक भारत में जो हुए
बहुत कम उनमें हैं अति श्रेष्ठ ।
सांख्य दर्शन जिनका सिद्धान्त
दार्शनिक कपिल ऋषीवर जेष्ठ ।।
सत्य करने को यकदम सत्य
चाहिये निश्चित ठोस प्रमाण ।
सत्य का जहाँ नहीं अस्तित्त्व
नहीं हो सकता वह विज्ञान ।।
सांख्य दर्शन का यह सिद्धान्त
कपिल ने तब प्रतिपादित किया ।
सिद्ध करने को जग में सत्य
उन्होंने अपना दर्शन दिया ।।
बताये दो प्रमाण इस तरह
प्रथम प्रत्यक्ष, द्वितिय अनुमान ।
नहीं रत्तीभर भी पासंग
जाँच लें परखें फिर लें मान ।।
इंद्रियों के माध्यम से ठीक
वस्तु का चित्त तुरत लें जान ।
यही प्रत्यक्ष शब्द का अर्थ
सत्य का यह है एक प्रमाण ।।
दूसरा है जो यह अनुमान
सुनो अब इसके तीन प्रकार ।
एक कारण से कार्यनुमान
उदाहरण समझें, समझें सार ।।

देख कर बादल का अस्तित्व
लगायें वर्षा का अनुमान ।
कार्य से कारण का है द्वितिय
उदाहरण पर दें थोड़ा ध्यान ।।
नदी में निरख उफनती बाढ़
सहज हम कर सकते अनुमान ।
कहीं पर्वत पर वर्षा हुई
सत्य के लिए सत्य यह ज्ञान ।।
एक है और सामान्यतोदृष्ट
जान लें यह भी हम अनुमान ।
जिस तरह एक जगह से चलें
दूसरी जगह करें प्रस्थान ।।
सत्य का यह भी एक प्रमाण।
इसे भी लें हम थोड़ा जान।।
रात को नीलगगन में देख
सितारे अलग-अलग जिस तरह ।
लगाते हम ऐसा अनुमान
बदलते वे कैसे हैं जगह ।।
सृष्टि उत्पन्न किस तरह हुई
और क्या इसका कारण रहा ।
कपिल का यह अगला सिद्धान्त
ज़ोर देकर जो उसने कहा ।।
स्वयं कारण में वह मौजूद
वस्तु पहले से जो उत्पन्न ।
सृष्टिकर्ता या ईश्वर नहीं
करे जो कार्य सभी सम्पन्न ।।
एक कपड़े का टुकड़ा बने
प्राप्त कर धागों का सहयोग ।

सुघर गढ़ जाये बरतन तुरत
जुड़ी माटी का पाकर योग ।।
कपिल ने कहा असत यह नहीं
कार्य का कारण यकदम नहीं ।
वास्तव में कोई उत्पत्ति
सृष्टि में हरगिज़ होती नहीं ।।
यहाँ वह सामग्री उपलब्ध
वस्तु को देती जो अस्तित्त्व ।
एक निश्चित सामग्री रचे
किसी भी एक वस्तु का तत्त्व ।।
एक निश्चित सामग्री एक
वस्तु निश्चित में जाती बदल ।
वास्तविक जग का तब क्या स्त्रोत
कपिल ने की इसमें यह पहल ।।
वास्तविक जग के हैं दो रूप
प्रथम है व्यक्त, द्वितिय अव्यक्त ।
व्यक्त को समझो विकसित मित्र
अविकसित समझो यह अव्यक्त ।।
और यह व्यक्त वस्तु उपलब्ध
स्त्रोत अव्यक्त वस्तु का नहीं ।
सृष्टि में विकसित वस्तु ससीम
भूल से जिसका मेल न कहीं ।।
परस्पर व्यक्त वस्तुएं यहाँ
एक जैसी हैं एक समान ।
इसलिए ऐसी कोई वस्तु
न लेना वस्तु स्त्रोत यह मान ।।
क्योंकि वे स्वयं एक ही मूल
स्त्रोत से हुई यहाँ उत्पन्न ।

इसलिए स्वयं नहीं वे मूल
स्रोत साधन जग में सम्पन्न ।।
कार्य से कारण होगा भिन्न
तदपि कारण है उसमें कहीं ।
अगर ऐसा है तो यह विश्व
स्वयं अंतिम कारण भी नहीं ।।
अविकसित की कोई अनुभूति
तब नहीं होती है क्यों यहाँ ।
क्रिया इंद्रिय-गोचर भी नहीं
ठीक सिद्धान्त ठहरता कहाँ ।।
कपिल का तब यह उत्तर सुनो
अन्य अति सूक्ष्म वस्तुएं यहाँ ।
नहीं होती उनकी अनुभूति
यही सिद्धान्त समझलो यहाँ ।।
अधिक दूरी या बाधक स्यात्
वस्तु हो सकती कोई और ।
वस्तु सदृश्य वेदना तीव्र
और हो सकता कोई तौर ।।
अंधपन अथवा इंद्रिय दोष
यही ये कारण हैं कुछ उचित ।
समझ लो कारण अथवा भूल
अतः अनुभूति न होती विदित ।।
भेद अव्यक्त व्यक्त में कहाँ
प्रश्न यह उठता है तब एक ।
सुनो कारण दोनों के साथ
लिखा यह कपिल संत ने लेख ।।
किन्तु दोनों के मूल स्वतंत्र
न उनका कारण कोई कहीं ।

वस्तुएं व्यक्त यहाँ अनगिनत
काल औ' देश असीमित नहीं ।।
सर्वव्यापक एवं है नित्य
अँग-हिस्से उसके मौजूद ।
प्रक्रियाशील मूल से सदा
समझ लो यह है व्यक्त वजूद ।।
तीन गुण रज, तम एवं सत्त्व
हुए प्रक्रियाशील परिणाम ।
गया अव्यक्त व्यक्त में बदल
इसे परिणति दे सकते नाम ।।
सतोगुण है प्रकाश सदृश्य
मनुज को देता अति सुख प्रखर ।
और रज प्रेरित कर संचार
क्रियाशीलन का कारण प्रवर ।।
और तम भारीपन संकेत
करे निष्क्रियता यह उत्पन्न ।
इस तरह जुड़ कर तीनों तत्त्व
क्रियाशीलन करते उत्पन्न ।।
परस्पर हावी एवं जुड़े
सहायक इक दूजे के सदा ।
जिस तरह बाती, लौ औ' तेल
दीप बन जलते हैं सर्वदा ।।
ठीक इस तरह तीन ये तत्त्व
बराबर मात्रा में सम्पन्न ।
एक भी अलग-अलग पड़ गया
अचेतनता होगी उत्पन्न ।।
अगर तीनों तत्त्वों की नहीं
बराबर यह मात्रा जब रहे ।

सचेतन हो जाता तब विश्व
एक हावी दूजे पर रहे ।।
गुणों की मात्रा क्योंकर अधिक
कपिल ने तब समझाकर कहा ।
नहीं कुछ ऐसी-वैसी बात
दुक्ख इसका बस कारण रहा ।।
कपिल का यह उत्तम सिद्धान्त
तर्क संगत गौतम को लगा।
किन्तु थी बातें केवल तीन
ज्ञान जिनसे मन में कुछ जगा ।।
प्रमाणित सत्य, सत्य है सत्य
बुद्धिवादी यथार्थ आधार ।
न है ईश्वर का कुछ अस्तित्त्व
दुक्ख से भरा हुआ संसार ।।
कपिल की जो शिक्षायें अन्य
नहीं गौतम ने समझीं ठीक ।
तर्कसंगत थीं वे न कदापि
अलग तब बनी बुद्ध की लीक ।।

ब्राह्मण ग्रंथ

ब्राह्मण ग्रंथ वैदिकी अँग
और ये सारे ग्रंथ पवित्र ।
साथ दोनों का सम्मिलित रूप
इन्हें श्रुति भी कहते सर्वत्र ।।
ब्राह्मण दर्शन के ये चार
समझलो खड़े हुए स्तम्भ ।
वेद केवल पवित्र ही नहीं
बल्कि आपौरुषेय आरंभ ।।
आत्मा जन्म-मरण से मुक्त
तभी हो सकती सुनें सुविज्ञ ।
दान ब्राह्मण को देना उचित
धार्मिक क्रिया करें नित यज्ञ ।।
एक आदर्श धर्म कल्पना
साथ कल्पित आदर्श समाज ।
बाँट कर चार वर्ण में सृष्टि
वेदमय तर्क अतीत स्वराज ।।
ब्राह्मण, क्षत्रिय, वैश्य, सवर्ण
शूद्र था चौथा इनका वर्ग ।
न एकल हो समाज यह कभी
परस्पर हो न कभी संसर्ग ।।
ब्राह्मण सर्वश्रेष्ठ यह कहा
वैश्य क्षत्रिय से ऊपर रहे ।
और क्षत्रिय के नीचे वैश्य
शूद्र से ऊपर-ऊपर बहे ।।

और फिर सबसे नीचे शूद्र
बनाये गये नियम इस तरह।
विखंडित होता रहे समाज
ब्राह्मण भोगे सुख हर जगह ।।
श्रेष्ठ सुविधा भोगे हर वर्ग
नहीं कोई था यह अधिकार।
क्रमिक असमान नियम के तहत
कर दिया गया खूब विस्तार ।।
ब्राह्मण जैसा चाहे करे
श्रेष्ठ सुविधा थी उसको प्राप्त ।
सर्व सम्पन्न विधाता बना
जिस तरह हो कण-कण में व्याप्त ।।
नहीं थे क्षत्रिय जन को प्राप्त
इस तरह के ऐसे अधिकार।
और था जो क्षत्रिय के लिए
वैश्य था उससे दूर अपार ।।
वैश्य को जो ब्राह्मण ने दिया
शूद्र था उससे कोसों दूर ।
नित्य वह सबकी सेवा करे
रहे कितना भी हो मज़बूर ।।
जीविकोपार्जन कैसे चले
नियम सब अलग, अलग अधिकार ।
ब्राह्मण पढ़े-पढ़ाये और
कराये धर्म-कर्म संस्कार ।।
और यह क्षत्रिय लड़ता रहे
मरे या जिये, दिये अधिकार ।।
वैश्य उत्पादन में हो व्यस्त
करे नित बढ़ चढ़ कर व्यापार ।।

सभी का अलग-अलग था काम
न कोई कर सकता था दखल ।
शूद्र का काम एक था यही
करे वह इन तीनों की टहल ।।
न शिक्षित हो सकता था शूद्र
नियम यह शिक्षा का था मान्य ।
नारि शिक्षा पर था प्रतिबंध
बात यह यकदम थी सामान्य ।।
अवस्थायें भी थी उस समय
आदमी के जीवन की चार।
प्रथम थी ब्रह्मचर्य उस समय
पढ़ो नित फूलो-फलो अपार ।।
दूसरी थी ग्रहस्थ अर्थात
विवाहित रह यह जीवन जियो ।
खूब भोगो डट कर संसार
दुक्ख भी पियो-सुक्ख भी पियो ।।
तीसरा वानप्रस्थ अर्थात्
पारिवारिक बंधन से मुक्त ।
बिना गृह त्याग रहो वन बीच
तब न जीवन हो बंधन युक्त ।।
चतुर्थम सन्याश्रम अर्थात
करो ईश्वर का अनुसंधान ।
मोक्ष मिल सकता है उस समय
मिल गई यदि ईश्वर से तान ।।
ब्राह्मण, क्षत्रिय एवं वैश्य
भोग सकते थे आश्रम पुरुष ।
स्त्री और शूद्र के लिए
प्रथम-अंतिम था मानो कलुष ।।
ब्राह्मण दर्शन का इक और
अजब था कर्मवाद सिद्धान्त ।

आत्मा अजर-अमर-निर्द्वन्द्व
नहीं होता है इसका अंत ।।
जन्म जन्मांतर लेती जन्म
आत्मा लेकिन बोलो कहाँ ।
ब्राह्मण दर्शन ने यह कहा
कर्मफल जैसे वैसे वहाँ ।।
सृष्टि के लिए नहीं कल्याण
ब्राह्मण दर्शन है अवरोध ।
न यह विज्ञान प्रमाणित सत्य
अतः गौतम ने किया विरोध ।।
बुद्ध ने खण्डन किया सदैव
वेद अपौरुषेय तो नहीं ।
बात वह हो सकती है कौन
ग़लत साबित हो सकती नहीं ।।
विषय कोई कैसा भी रहे
ज़रूरत पड़े परीक्षण करें ।
परीक्षण से मिलता है सत्य
सत्य से कभी नहीं हम डरें ।।
विचारों की स्वतंत्रता सदा
मात्र साधन है जग में एक ।
प्राप्त हो सकता जिससे सत्य
नहीं यह जादू, सिर्फ विवेक ।।
इसलिए जानें केवल सत्य
सत्य से होता है कल्याण ।
न वेदों में ऐसा उपलब्ध
इसलिए सही नहीं वह ज्ञान ।।
बुद्ध ने कहा यज्ञ है उचित
किन्तु है यज्ञ-यज्ञ में भेद ।
एक सच्चा होता है और
एक झूठा यह कहा सखेद ।।

'आत्म परित्याग' बुद्ध ने कहा
यही होता है सच्चा यज्ञ ।
देवता हो प्रसन्न इसलिए
चढ़ा दें पशुबलि हम अनभिज्ञ ।।
एक पशुबलि देने से अगर
स्वर्ग पा सकता है इंसान ।
शीघ्रतर जा पहुँचे वह स्वर्ग
पिता का करके तब बलिदान ।।
ब्राह्मणवाद बुद्ध के लिए
मात्र था पक्षपात से भरा ।
स्वार्थमय नियम, नियम बेमूल
न था सिद्धान्त कोई खरा ।।
चार वर्णों से बना समाज
नहीं था जो परिवर्तनशील ।
ब्राह्मण घर जन्मा जो मनुज
उम्र भर ब्राह्मण अजब दलील ।।
अन्य वर्णों में भी यह नियम
अजब यह रीति अजब यह धर्म ।
बड़े से बड़ा करे वह पुण्य
या करे घोर पापमय कर्म ।।
न गिर सकता श्रेणी से कभी
न परिवर्तित हो सकता वर्ण ।
मरण हो जाये फिर भी सदा
रहेगा उसका वह ही धर्ण ।।
पूजता गुण न ब्राह्मणवाद
न उसको विकास की परवाह ।
समानता से वह करता घृणा
न है उसको मानव की चाह ।।

बदल सकते थे पेशे नहीं
जन्म से था जिनका सम्बंध ।
फूट डालो औ' शासन करो
ब्राह्मणवादी था अनुबंध ।।
शूद्र थे शक्तिहीन हर तरह
नहीं कर सकते थे विद्रोह ।
स्त्रियां भी थी अति पददलित
न उनके लिए अधिक था मोह ।।
निबल का एक लक्ष्य उस समय
काम बस करना केवल काम ।
जी रहा था शोषण में उम्र
जिस तरह जीता रहे गुलाम ।।
दुरावस्था यह कैसे हुई
नहीं था उसको निश्चित ज्ञान ।
समर्थक उलटा वह बन गया
ब्राह्मणवाद किया बलवान ।।
शक्तिशाली क्षत्रिय हो गया
वैश्य हो गया अधिक धनवान ।
ब्राह्मण बना स्वार्थी तत्त्व
शूद्र आधीन हुआ नादान ।।
बुद्ध ने सोचा यह है सत्य
ब्राह्मण करते सदा प्रचार ।
व्यवस्था ईश्वर ने यह रची
वेद जिसका है मूलाधार ।।
इसलिए सुधार करना कठिन
क्योंकि यह जनमानस में व्याप्त ।
नहीं फोड़ा, यह है नासूर
चाहिये करना इसे समाप्त ।।

ब्राह्मणवाद नहीं सद्धर्म
न जीवन का सच्चा आधार ।
सृष्टि का परम विरोधी जान
बुद्ध ने किया न यह स्वीकार ।।

❋

उपनिषद् शिक्षा

वाङ्मय वैदिक हिस्सा सही
उपनिषद् नहीं वेद के भाग ।
बाह्य-श्रुति है इनका प्रारूप
धर्म से जुड़ा हुआ अनुराग ।।
उपनिषद् संख्या में अनगिनत
किन्तु कुछ का कुछ अधिक महत्त्व ।
बहुत से थोथे अर्थ विहीन
सत्य का जिनमें कहीं न तत्त्व ।।
उपनिषद् करते कई विरोध
ब्राह्मण-पुरोहितों का खूब ।
वेद सिद्धान्तों से भी कहीं
हुई है इनको भारी ऊब ।।
एकमत कहते थे यह सभी
अविद्या वैदिक अध्ययन मात्र ।
वेद एवं वैदिक विज्ञान
सिर्फ अपरा विद्या के पात्र ।।
वेद अपौरुषेय भी नहीं
सभी कहते थे यह है सत्य ।
ब्राह्मण को कुछ करना दान
नहीं यह उचित महात्म्यई कृत्य ।।
यज्ञ एवं उसका प्रतिफलन
नहीं था उनको यह विश्वास ।
उपनिषद् कई सत्य के लिए
कराते हैं ऐसा आभास ।।

आत्मा और ब्रह्म है एक
एक ही है इनका आधार ।
विश्व को बांधे है यह ब्रह्म
बताते मरम उपनिषद्‌कार ।।
आत्मा हो उपाधि साग्रस्त
सत्य यह जाती यकदम भूल ।
ब्रह्म वह स्वयं, स्वयं से परे
ब्रह्म है विश्व ब्रह्म है मूल ।।
ब्रह्म है इसका नहीं प्रमाण
इसलिए किया नहीं स्वीकार ।
सत्य सा नहीं लगा अस्तित्त्व
बुद्ध को उपनिषदीय आधार ।।
आत्मा क्या अथवा क्या ब्रह्म
और क्या है इनका आकार ।
"जानता नहीं" बोल यह पड़ा
याज्ञवल्क्य उपनिषद्‌कार ।।
विषय निर्मूल तर्क से परे
असलियत समझ न पाये पात्र ।
तथागत ने तब ऐसे कहा
''उपनिषद् सिर्फ कल्पना मात्र'' ।।

समकालीन दार्शनिक

प्रव्रज्या गौतम ने जब गही ।
विचार क्रान्तित थी यह तब मही ।।
ब्राह्मण दर्शन के अतिरिक्त
दार्शनिक मत बासठ थे और ।
ब्राह्मण दर्शन के विपरीत
सभी का एक हुआ था तौर ।।
समझने और बूझने योग्य
किन्तु उनमें थे छः कुछ ठीक ।
किया जाता है वर्णन यहाँ
बताकर उनकी असली लीक ।।
अक्रियावाद एक था पंथ
पूर्ण काश्यप था ज्ञाता प्रवर ।
आत्मा और कर्म यह कहा
नहीं इन पर पड़ता है असर ।।
कर्म चाहे जो जैसा करे
याकि चाहे वैसा करवाय ।
जिसे जो चाहे डाले मार
याकि चाहे वैसे मरवाय ।।
स्वयं चोरी या डाका करे
याकि वह ऐसा ही करवाय ।
स्वयं व्यभिचार करे बेधड़क
और चाहे जिससे करवाय ।
स्वयं वह बोले सदा असत्य
किसी से असत्य वह बुलवाय ।

पाप हो कितना विकट जघन्य
आत्मा कभी न होती लिप्त ।
कार्य हो बेशक बहुत पवित्र
आत्मा न हो पुण्य से युक्त ।।
मूल तत्त्वों से निर्मित जीव
इन्हीं से उसका बना शरीर ।
मृत्यु के बाद आत्मा नहीं
नहीं यह बचता कहीं शरीर ।।

मक्खली गोसाल नियतिवाद का प्रचारक एक
उसका मत एक तरह पूर्व निश्चयवाद था।
न कोई कर सकता कुछ न होना रोक सकता है
कहना निज मत के लिए उसका निर्विवाद था ।।
अपनी इच्छा से कोई घटना घटा सकता नहीं
घटनायें घटती, नहीं कोई अपवाद था ।
न कोई हर सकता दुख घट बढ़ सकता नहीं
बीतना सो बीतेगा न कोई भी विवाद था ।।
अजित केसकम्बल उपदेशक था एक तब
मत था उच्छेदवाद उसका अति निराला-सा ।
कह सकते जिसको सम्पूर्ण नाशवाद भी
उसकी शिक्षा का शोर लगा बोलबाला-सा ।।
कर्मों का कोई फल ऐसा नहीं होता कभी
भोगे जिसे आत्मा न ऐसा कुछ हवाला-सा ।
स्वर्ग और नरक मात्र कल्पना नहीं है कुछ
यज्ञ और होम व्यर्थ सिर्फ यह घुटाला-सा ।।

दुक्ख के कुछ ऐसे हैं तत्त्व
हुआ जिनसे मानव निर्माण ।

आत्मा भोगेगी हर कष्ट
नहीं हो सकता उससे त्राण ।।
कष्ट पर कष्ट सहेगी सदा
आत्मा बड़ी, बड़ी है साख ।
मिटाना होगा सारा कष्ट
योनि धर कर चौरासी लाख ।।

पकुध कच्चायन तब एक था प्रचारक संत
अन्योन्यवाद मत उसका कहलाता था ।
सात तत्व पृथ्वी, जल, तेज, वायु, सुक्ख, दुक्ख
और एक आत्मा सभी को वह बताता था ।।
होता निर्माण इन्हीं तत्त्वों से प्राणी का
ऐसे वह लोगों को हरदम समझाता था ।
कोई भी तत्त्व किसी तत्त्व पर प्रभावी नहीं
न है नाशवान यह कहानी वह सुनाता था ।।

किसी को कोई यदि दे काट
प्राण भी रहे न उसका शेष ।
मरा वह नहीं समझ लो, शस्त्र
सात तत्त्वों में हुआ प्रवेश ।।

सञ्जय वेलट्ठिपुत्त एक दार्शनिक था और
मत था, विक्षेपवाद उसका कुछ अड़ंगा-सा ।
अथवा संदेहवाद उसको कह सकते हम
क्योंकि तर्क उसका था यकदम बेढंगा-सा ।।
पूछे कोई मुझसे क्या बनाये जाते आदमी
ज्ञात नहीं कुछ भी मुझे उत्तर यह दुरंगा-सा ।
अच्छा-बुरा कर्मफल पाता कोई जीव क्या
नहीं मुझे पता कहे संजय हुड़दंगा-सा ।।

अगर पूछे यह कोई प्रश्न
स्वर्ग का क्या होता है अर्थ ।
तुम्हें लगता तो हामी भरो
नहीं तो कह दो यह सब व्यर्थ ।।

चातुर्याम संवरवाद एक मत ऐसा था
महावीर जिसका संस्थापक औ' प्रचारक था ।
निगण्ठनाथ पुत्तनाम से भी था प्रसिद्ध वह
जीवित था उस समय समाज का सुधारक था ।।
पूर्व और वर्तमान जन्म में किए का फल
भोगती है आत्मा ऐसा वह विचारक था ।
आत्मा की सद्‌गति होती पुण्य कर्म से
उसके अनुसार पुनर्जन्म हानिकारक था ।।

न हिंसा करो न चोरी करो ।
सदा सच कहो झूठ से डरो ।।
अपरिग्रह ब्रह्मचर्य व्रतधार ।
करो निज जीवन का उद्धार ।।
इस तरह दिया धर्म उपदेश ।
मिट सके जिससे जग में क्लेश ।।

*

बुद्ध का विचार

नहीं जब जँचा धर्म आधार।
बुद्ध ने किया न तब स्वीकार ।।
पकुध कच्चायन से जो मिले
पूर्ण काश्यप का यह सिद्धान्त ।
तर्क पर नहीं उतरता खरा
सृष्टि को करता यकदम भ्रान्त ।।
आदमी जैसा चाहे करे
किसी को मारे अथवा मरे।
न समझे सामाजिक दायित्व
तर्क यह लगा समझ से परे ।।
आदमी मक्खली के अनुसार
भाग्य के हाथ खिलौना बना ।
काट वह सकता बंधन नहीं
रहेगा सदा भटकता घना ।।
केसकम्बल का भी सिद्धान्त
सिखाता खूब करो आराम ।
पियो-खाओ मस्ती से रहो
नहीं कुछ और सृष्टि में काम ।।
जिस तरह पानी बहता रहे
इस तरह मानव जीवन बहे।
तब रहा क्या जीवन उद्देश्य
बात संजय बेतर्किक कहे ।।
निगण्ठ ने कही एक यह बात
आदमी सतत् तपस्या करे ।

इस तरह स्वाभाविक यह हुआ
कि वह इच्छा विच्छेदन करे ॥
बुद्ध ने सोचा ये मत सभी
सृष्टि के लिए नहीं उपयुक्त ।
निराशावाद उदासी असह्य ।
दुक्ख दारिद्र कष्ट संयुक्त ॥

❑

बुद्ध का परित्याग

सृष्टिकर्ता है ईश्वर एक
विश्व का ब्रह्म मूल आधार ।
आत्मा मोक्ष प्राप्ति के लिए
जन्म लेती है बारम्बार ।।
संसरण भी होता है यहाँ
आत्मा तज कर एक शरीर ।
दूसरे में कर पुनः प्रवेश
भटकती और झेलती पीर ।।
मिलेगा फल वैसा ही उसे
करेगा जो जैसा ही कर्म ।
स्वतः है वेद प्रमाण स्वरूप
यही है असली वैदिक धर्म ।।
वर्ण हैं चार, आश्रम चार
यही जीवन दर्शन का मूल ।
रचा यह ईश्वर ने सब सत्य
न जाना इसे मनुज तू भूल ।।
बुद्ध ने इन बातों का त्याग
सदा ही किया और यह कहा ।
ब्राह्मण मत ने शोषण किया
स्वार्थ से जो परिपूरित रहा ।।
कहाँ से मैं आया किस तरह
इस तरह ऐसे कई सवाल ।
बुद्ध ने कहा, व्यर्थ की बात
मानसिक समझो इसे बबाल ।।

आत्मा यह शरीर है नहीं
नहीं यह संज्ञा या संस्कार ।
नहीं विज्ञान वेदना नहीं
बुद्ध का ऐसा सुदृढ़ विचार ।।
न ईश्वर ने यह रचा मनुष्य
न है कोई ऐसा अस्तित्त्व ।
न तन का अंश कभी यह ब्रह्म
ब्रह्म सा कहीं न कोई तत्त्व ।।
नहीं उच्छेदवाद यह ठीक
नास्तिक मत का थोथा चलन ।
ज्ञान से बंधा न विश्व विकास
बुद्ध का ऐसा है यह कथन ।।

बुद्ध का परिवर्तन

कार्यकारण के नियम अनन्त
प्रतीत्यसमुत्याद प्रारूप ।
निराशावाद व्यर्थ का बोझ
छाँव तो छाँव धूप तो धूप ।।
किसी ईश्वर ने इस संसार
और मानव का पूर्ण भविष्य ।
किया पहले से निश्चित कहा,
बुद्ध ने यह सब कल्पित दृश्य ।।
वही फल मिलता है इस जन्म
किए पिछलेपन जैसे कर्म ।
तथागत ने तब ऐसे कहा
निराशावाद, नहीं यह धर्म ।।
मोक्ष अथवा है यह जो मुक्ति
आत्मा कर सकती निर्माण ।
बुद्ध ने दे वैज्ञानिक तर्क
बताया शब्द एक निर्वाण ।।
पुराना जो भी थोड़ा बहुत
व्याख्या उसकी कर दी गई ।
बदलकर अथवा लेकर नया
और मौलिकता भर दी गई ।।

बुद्ध की स्वीकृति

सभी चीजों का मन है केन्द्र
पूर्वगामी वह पड़े प्रभाव ।
नियंत्रित मन तो जानो सत्य
नियंत्रित सब कुछ बिना दबाव ॥
मानसिक जितने क्रिया-कलाप
मात्र मन उनमें एक प्रधान ।
चैतासिक क्रिया-कलाप अनन्य
उन्हीं से होता मन निर्माण ॥
हमारे भीतर लेती जन्म
भलाई और बुराई सुनो ॥
बाह्य से होते हम आखेट्य
बुद्ध ने कहा इसे सब गुनो ॥
और मन इन तत्त्वों का स्रोत
बुराई से जिनका सम्बंध ।
बुराई यहाँ समन्वित हुई
उपज मन की मन का अनुबंध ॥
भलाई जो भी जिसकी यहाँ
भलाई से रहता सम्बंध ।
भलाई यहाँ समन्वित हुई
उपज मन की मन का अनुबंध ॥
बुरे मन से कुछ मानव करे
बुरे मन से ही बोले बोल ।
दुक्ख तब उसके पीछे चले
सुनो तुम अपनी आँखें खोल ॥

जिस तरह गाड़ी के दो बैल
खींचते जाते पहिये भले ।
किन्तु पहिये का देखो खेल
बैल के पीछे-पीछे चले ।।
इसलिए निर्मल रखना चित्त
यही है धर्म, धर्म का सार ।
बुद्ध ने कहा धर्म पथ चलो
धर्म से नैया होगी पार ।।
बचो तुम पाप कर्म से सदा
धार्मिक ग्रंथ पठन मत करो ।
धार्मिक जीवन अपना जियो
बुद्ध ने कहा ध्यान यह धरो ।।

बुद्ध का विशद योग

बोधि कर प्राप्त हुए जब बुद्ध
बुद्ध के मन में उठा विचार।
धर्म से अपना ही हित करूं
या करूं इस जग का उद्धार ॥
आत्मा परमात्मा का यहाँ
भयंकर फैला माया जाल।
धार्मिक संस्कार बहु रीति
रिवाजों का भारी जंजाल ॥
और यह कर्मवाद सिद्धान्त
कठिन है जिससे होना मुक्त।
आत्मा अजर, अमर नित नित्य
आदमी कितना अंधा भक्त ॥
अगर मैं दूँ जग में उपदेश
लोग भी समझ न पायें अर्थ।
स्वयं मैं थकूँ, थकाऊँ उन्हें
व्यर्थ यह झंझट सारा व्यर्थ ॥
अत: संन्यासी होकर रहूँ
करूँ केवल अपना कल्याण।
जिऊँ जब तक यह जीवन जिए
अंतत: पा जाऊँ निर्वाण ॥
ब्रह्मा सहम्पत्ति तब हुआ
मलिन मन जान बुद्ध का ज्ञान।
और वह ब्रह्म लोक से चला
बुद्ध के पास किया प्रस्थान ॥

वस्त्र कंधे पर लिया समेट
झुका फिर हाथ जोड़कर कहा ।
आप अब नहीं रहे सिद्धार्थ ।
"आप हैं बुद्ध तथागत अहा ।।
विकट यह अंधकार चहुँओर
भरा इससे सारा संसार ।
सत्य पथ देकर जग को सिर्फ
आप ही कर सकते उद्धार ।।
बहुत से प्राणी हैं जो बहुत
मलिन हैं नहीं मुझे आभास ।
आपको श्रवण नहीं कर सके
समझ लें उनका हुआ विनाश ।।
शिखर पर्वत पर कोई खड़ा
खड़े घाटी में लोग अनेक ।
ठीक ऐसे प्रज्ञा के शिखर
खड़े हैं आप आप से एक ।।
दुक्ख क्षय करने निकले आप
आप देखें लोगों की ओर ।
दुक्ख सागर में डूबे लोग
हाथ में कोई ओर न छोर ।।
सुनो हे वीर जाति-क्षय सुनो
सुनो हे सार्थवाह मम विनय ।
सृष्टि का आप करें कल्याण
आपकी जय हो जय हो जय-जय" ।।
मनुष्यों में हे ब्रह्मा श्रेष्ठ
बुद्ध ने यह कह उत्तर दिया ।
"व्यर्थ में था मैं सच हैरान
न जाने सोच किस तरह लिया ।।"

बुद्ध ने तब यह निश्चय किया
बैठ कर रह जाना चुपचाप ।
नहीं यह ठीक सृष्टि के लिए
भोगते लोग यहाँ संताप ।।
प्रार्थना ब्रह्मा की वह सहज
बुद्ध ने कर ली जब स्वीकार ।
हुआ तब ब्रह्मा बहुत प्रसन्न
बोल गौतम की जय-जयकार ।।

*

ब्रह्म घोषणा

बुद्ध को नमस्कार कह चला।
चला ब्रह्मा फिर आगे चला ।।
मिला जो जहाँ उसी से कहा ।
मार्ग में नहीं कहीं चुप रहा ।।
पते की बात सुनो सब मित्र ।
बात यह सत्य सजीव विचित्र ।।
बुराई क्यों किस कारण कष्ट ।
किसलिए लोग हो रहे भ्रष्ट ।।
दुक्ख का क्या कारण है शुद्ध ।
जान यह गये महात्मा बुद्ध ।।
निराशा से जिसका मन भरा ।
नहीं संतोष रहे जो डरा ।।
गई है जिसकी हिम्मत टूट ।
गया मन शीशे जैसा फूट ।।
उन्हें वह देंगे सम्यक् ज्ञान ।
जयति जय-जय गौतम भगवान ।।
न्याय की जो करते हैं आस ।
पूर्ण उनका होगा विश्वास ।।
तृप्त होगा भूखा इंसान ।
मिलेगा अज्ञानी को ज्ञान ।।
नहीं होगा अब कोई क्लान्त ।
विश्व हो जाएगा अब शान्त ।।
कटेगा अब तृष्णा का फन्द ।
मिलेगा सबको अति आनन्द ।।

मिटेगा अंधकार इस तरह ।
उजाला फैलेगा हर जगह ।।
बांटते मैत्री करुणा सदा ।
भाव बस भ्रात्रभाव सर्वदा ।।
धन्य हैं ऐसे वह भगवान ।
धर्म उनका सचमुच विज्ञान ।।
हार जाएगा निश्चय मार ।
तथागत जय-जय-जय-जयकार ।।

धर्म दीक्षा के दो अर्थ

धर्म दीक्षा के दो अर्थ ।
अर्थ जो अतिशय स्वयं समर्थ ॥
भिक्षु दीक्षित करने का ढंग ।
उसे कहते सामूहिक संघ ॥
दूसरी अन्य दीक्षा एक ।
गृहस्थ करता ग्रहण सदनेक ॥
उपासक कहते उसको लोग ।
गृहस्थ का गृहस्थ जोग का जोग ॥
उपासक और भिक्षु के लिए ।
नियम निर्धारित हितकर किए ॥
भिक्षु रहता व्रत अपने साध ।
न साधे दण्डनीय अपराध ॥
उपासक शील आचरण करे ।
चित्त नित ध्यान पंथ पर धरे ॥
उपासक रख सकता सम्पत्ति ।
भिक्षु यदि रखे घोर आपत्ति ॥
उपासक बनने का आधार ।
न कोई नियमित है संस्कार ॥
भिक्षु बन सकता उप सम्पन्न ।
रहे जीवन भर सदा प्रसन्न ॥
उपासक जो चाहे सो बने ।
भिक्षु भी जो चाहे सो बने ।

उपासक जब चाहे तब भिक्षु
यहाँ बन सकता यह है छूट ।
भिक्षु तब नहीं रहेगा भिक्षु
गया यदि एक नियम भी टूट ॥
जाति अथवा कोई हो धर्म
पुरुष अथवा हो नारी जात।
सभी के लिए खुले हैं द्वार
नहीं है भेदभाव की बात ॥

परिव्राजकों को दीक्षा

स्वयं से किया बुद्ध ने प्रश्न
प्रथम मैं दूँ किसको उपदेश ।
गुणी है कौन, कौन विद्वान्
किन्तु है कौन कहाँ किस देश ।।
यकायक मन में हलचल हुई
याद आया तब उनको नाम ।
किन्तु अब जीवित भी तो नहीं
संत निर्मल आलार कालाम ।।
हो गये मौन डूब से गये
यकायक सोचा पुनः तुरन्त ।
उद्दक रामपुत्त तक चलूँ
किन्तु वह नहीं हो गया अंत ।।
अंततः परिव्राजक वे पाँच
आ गये तत्क्षण उनको याद ।
रहे तट निरंजना पर साथ
योग तप किया समय बर्बाद ।।
रहे मम भक्त उठाये कष्ट
तपस्या की नित सहकर क्लेश ।
किया मन में यह निश्चय तुरत
क्यों न दूँ उनको जा उपदेश ।।
बुद्ध तब सारनाथ की ओर
खोज कर ठौर-ठिकाना चले ।
इसिपतन के समीप वे सभी
वहीं मृगदाय क्षेत्र में मिले ।।
बुद्ध को आता अपनी ओर
देख पाँचों ने किया विचार ।

करेंगे इसका स्वागत नहीं
आदमी यकदम यह बेकार ।।
एक बोला, "यह गौतम वही
हो गया सचमुच यह पथभ्रष्ट ।
विषय में लीन भटकता फिरे
न तप कर सका-सह सका कष्ट ।।
न होंगे खड़े न होगी बात
न हम देंगे उसको सम्मान ।
पात्र चीवर भी लेंगे नहीं
सिर्फ देंगे आसन स्थान ।।
अगर वह चाहे जाये बैठ
न चाहे जाये उसकी सोच ।
बैठना चाहे बैठे यहाँ
करे तो करे, करे संकोच" ।।
बुद्ध जब पहुँचे उनके निकट
देख उनका अद्भुत व्यक्तित्व ।
गये वे पाँचों सुधि-बुधि भूल
न जैसे हो उनका अस्तित्व ।।
सभी उठ दौड़े आसन छोड़
किया सम्मान पूछ कर हाल ।
किसी ने पात्र ले लिया तुरत
किसी ने चीवर दिया संभाल ।।
एक जल लेकर आया वहीं
कहा पग धोएं श्री भगवन्त ।
बिछा कर आसन बोला एक,
बैठिये सन्त शिरोमणि सन्त" ।।
हो गये पाँचों श्रद्धावान् ।
जयति जय-जय गौतम भगवान ।।

धर्मचक्र प्रवर्तन

हो चुकी कुशल क्षेम की बात
एक ने प्रश्न किया आ पास ।
"तपस्या काय-क्लेश में अभी
आप क्या रखते हैं विश्वास"?
बुद्ध ने कहा, "नहीं, अब सुनो
दो सिरे की बातें हैं यहाँ ।
किनारों की दो-दो हैं अलग
बैठता मेल बताओ कहाँ?
एक जीवन जो भोगे काम
दूसरा भोगे काया क्लेश.।
एक का कहना खाओ-पियो
मृत्यु का घेरे है परिवेश ॥
दूसरे का कहना है सुनो
वासना का कर दो विच्छेद ।
जन्म से मृत्यु, मृत्यु से जन्म
क्योंकि यह पुनर्जन्म का भेद" ॥
बुद्ध ने समझाकर फिर कहा,
"किन्तु ये दोनों सुनें सुयोग्य ।
रास्ते ये दोनों हैं व्यर्थ
नहीं उत्तम मानव के योग्य ॥
एक है केवल मध्यम मार्ग
न है जो काम भोग का मार्ग ।
नहीं है काय-क्लेश का मार्ग
बीच का मार्ग-बीच का मार्ग" ॥

बुद्ध ने प्रश्न किया इस तरह,
''जब तलक मन में होगी चाह ।
पार्थिव अथवा स्वर्गिक भोग
भोग ले सारे भोग अथाह ।।
बताओ तब फिर काया-क्लेश
नहीं क्या होगा सब कुछ व्यर्थ"।
''आप जैसा कहते हैं ठीक
आप हैं सचमुच पूर्ण समर्थ'' ।।
बुद्ध ने किया प्रश्न फिर और,
''काय-क्लेषित होकर क्या आप ।
काम-तृष्णा कर सकते शान्त
नहीं तो सुनो और चुपचाप ।।
"काय-क्लेषित जीवन दारिद्र
बिताने से हे मन के मीत ।
इस तरह इस जग में बेधड़क
आप कैसे सकते हैं जीत" ।।
''आप जैसा कहते वह ठीक''
कहा पाँचों ने होकर शान्त ।
बुद्ध ने फिर समझाया और
''ध्यान से सुनें न होवें क्लान्त ।।
स्वयं पर विजय प्राप्त कर आप
काम-तृष्णा से होंगे मुक्त ।
प्राकृतिक इच्छाओं की पूर्ति
न विकृत कर सकती उन्मुक्त" ।।
बुद्ध ने कहा, "सुनो यह काम
वासना उत्तेजक अति सुनो ।
कामुकी होता इसका दास
बात यह सत्य एकदम गुनो ।।

सभी भोगों में रहता लीन
निरंतर नहीं ठीक यह कर्म ।
चाहती स्वाभाविक जो देह
पूर्ति करना न बुरा यह धर्म ।।
स्वस्थ यदि होगा नहीं शरीर
ज्ञान का दीप जलेगा नहीं ।
भटकने के अतिरिक्त सुमीत
यहाँ कुछ और मिलेगा नहीं ।।
अंत की दो बातों से सदा
बचें परिव्राजक मेरा कथन ।
एक, आकर्षण-विषयी तृषा
और दो, कठिन तपस्या लगन" ।।
"हानिकारक ये दोनों अहा ।
बुद्ध ने कहा ठीक ही कहा" ।।
प्रश्न तब परिव्राजक ने किया,
"आप का साथ छोड़ हम चले ।
आप तब कहाँ-कहाँ पर रहे
किया क्या काम आप अति भले ।।
बुद्ध ने बतला दिया विशुद्ध ।
किस तरह बने महात्मा बुद्ध ।।
हुए उत्सुक पाँचों ने कहा,
"बतायें नया मार्ग विस्तार" ।
"सुनें अब सुनें ध्यान से सुनें"
बुद्ध बोले विनती स्वीकार ।।
"आत्मा परमात्मा से नहीं
मुझे कुछ लेना-देना मित्र ।
बाद मरने के क्या हो कहीं
न मन में मेरे ऐसा चित्र ।।

न नाता कर्मकाण्ड से तनिक
हमारा केन्द्र बिन्दु है मनुज ।
रहे जब तक धरती पर मनुज
कारुणिक रहे बने ना दनुज ॥
दुक्ख से भरा पड़ा संसार
नाश दुख का करता यह धर्म ।
यही आधारशिला है एक
यही मैं समझ सका हूँ मर्म ॥
श्रमण अथवा वह ब्राह्मण नहीं
समझ पाता न तनिक-सी बात ।
सकल संसार दुक्ख से भरा
सृष्टि के लिए दुक्ख आघात ॥
धर्म का यही प्रथम सोपान
किस तरह दुक्ख मिटाया जाय ।
ब्राह्मण अथवा कैसा श्रमण
जानता जो यह नहीं उपाय'' ॥
सुना परिव्राजक बोले पुनः,
''यही यदि मूल आपका धर्म ।
किस तरह मिट सकता तब दुक्ख
कौन-सा किया जाय तब कर्म'' ॥
बुद्ध ने कहा, ''सुनो चित धरो
तीन बातों का बहुत महत्त्व ।
पवित्रता, धर्म, शील पथ चलें
नष्ट कर सकते दुख ये तत्त्व'' ॥

प्रवर्तन व्याख्या

पुनः परिव्राजक बोले सहज,
"हमें समझायें व्याख्या करें" ।
बुद्ध ने कहा, "पवित्रता पंथ
सुनें समझें मन अपने धरें ।।
मनुज जो अच्छा बन कर यहाँ
चाहता जीना तो लें जान ।
बहुत आवश्यक है यह तथ्य
अच्छा का मापदण्ड लें मान ।।
हमारे मापदण्ड हैं पांच
अहिंसक रहें न चोरी करें ।
न सेवन करें नशीली वस्तु
सत्य बोलें व्यभिचार न करें ।।
पतित जन होते हैं हर जगह
भेद उनके लें दो यह जान ।
प्रथम निर्धारित जिनका नहीं
कहीं कुछ मापदण्ड प्रतिमान ।।
दूसरे वे ऐसे हैं पतित
सुनें उनकी भी यह पहिचान ।
जी रहे मापदण्ड के बिना
समझ लें यह अद्‌भुत विज्ञान ।।
और जिसके जीवन का यहाँ
न कोई मापदंड लें जान ।
पतित होने पर भी वह पतित
नहीं होता उसको यह ज्ञान ।।

हमेशा रहता है वह पतित
दूसरा मापदण्ड जो रखे ।
सोचता यह वह ऊपर उठे
पतित अवस्था से हे सखे ।।
क्योंकि इसका उत्तर है यही
पतित वह है उसको यह ज्ञान ।
यही अंतर होता है बड़ा
यही है सत्य निष्ठ विज्ञान ।।
यही अंतर होता है बड़ा
मनुज जीवन सुधार में सुनो ।
न कोई मापदण्ड हो यहाँ
याकि हो मापदण्ड यह गुनो ।।
गिरे अपने स्तर से मनुज
बात यह बहुत बड़ी है नहीं ।
किन्तु क्या उसको अब हम कहें
न जिसका जीवन स्तर कहीं ।।
पूछ सकते परिव्राजक प्रश्न
सिर्फ क्यों पाँच शील ही कहे ।
पूछलो मन से उत्तर स्वयं
मनुज का हित इसमें अति रहे ।।
शील ये पाँच विश्व कल्याण
निहित इनमें मानो तो सही ।
यही है पंचशील सिद्धान्त"
बात गौतम ने ऐसे कही ।।

अष्टांगिक मार्ग

"मार्ग अष्टांगिक अथवा इसे
आप कह सकते सम्यक् मार्ग ।
भेद कर आठ लिया यह खोज
मार्ग यह मार्ग उचित यह मार्ग ।।
प्रथम यह भेद सम्यक् दृष्टि
विश्व यह समझो कारागार ।
आदमी क़ैदी बन कर रहे
तम घिरा चारों ओर अपार ।।
न क़ैदी देख स्वयं को सके
समझता नेत्रहीन वह हुआ ।
सोचता कहीं उजाला नहीं
अतः वह अंधकार में खुआ ।।
किन्तु मन ही साधन है एक
माध्यम भी वह सुनो सुजान ।
किस तरह मिले प्रकाश अनन्त
करा सकता मन इसका ज्ञान ।।
मनुज में होता बल संकल्प
और होती है इच्छा-शक्ति ।
उपस्थित सम्मुख हो आदर्श
और इसके प्रति हो सद्भक्ति ।।
पूर्णतः तब यह इच्छा-शक्ति
जागृत हो सकती यह सत्य ।
साथ ही क्रियाशील भी रहे
करे यदि मनुज समझकर कृत्य ।।

आदमी पाये तनिक प्रकाश
देख कर जाये यह पहचान ।
किस दिशा करे स्वयं अनुशरण
स्वयं की इच्छा-शक्ति सुजान ॥
आदमी कर सकता इस तरह
संचलित अपनी इच्छा-शक्ति ।
अंतत: ऐसी इच्छा-शक्ति
दिला सकती है उसको मुक्ति ॥
इस तरह बंधनयुक्त मनुष्य
सहज हो सकता सुनो स्वतंत्र ।
उठा सकता वह ऐसा क़दम
कभी फिर हो न सके परतंत्र ॥
जिस दिशा में हम चाहें तुरत
सहज मन ले जा सकते उधर ।
जेल रूपी जीवन में मित्र
हमें करता क़ैदी मन निडर ॥
किन्तु मन ने है जिसको रचा
उसे मन ही कर सकता नष्ट ।
आदमी मन बंधन से बंधा
मुक्त कर सकता मन ही पुष्ट ॥
दिशा दे सकता मन ही ठीक ।
यही है बुद्ध धर्म की लीक" ॥
एक परिव्राजक ने फिर कहा,
"बतायें क्या यह सम्यक् दृष्टि ।
और इसका क्या अंतिम लक्ष्य
मनुज पर क्या करती यह वृष्टि" ॥
बुद्ध ने उत्तर तब यह दिया,
"अविद्या का विनाश यह करे ।

पनपती कभी न मिथ्या दृष्टि
दृष्टि सम्यक् जब मानव धरे ।।
मनुज पहचान न पाये दुक्ख
दुक्ख मिटने का कौन उपाय ।
अविद्या का यह होता अर्थ
बुद्ध ने कहा सहज समझाय ।।
''व्यर्थ यह कर्मकाण्ड की क्रिया
शास्त्रों की पवित्रता व्यर्थ ।
न मिथ्या करे मनुज विश्वास
दृष्टि सम्यक् का है यह अर्थ ।।
प्रकृति के नियमों के विपरीत
न घटना घट सकती यह मान ।
आदमी रहे सोचता सदा
नहीं यह सम्यक् दृष्टि सुजान ।।
सत्य अनुभव का बहुत महत्त्व
कल्पना मात्र नहीं यह सुनो ।
धारणा मिथ्या से नित बचो
दृष्टि सम्यक् साधन यह गुनो ।।
आदमी का मन रहे स्वतंत्र
और हो स्वतंत्र, स्वस्थ विचार ।
यही होती है सम्यक् दृष्टि
यही है इसका दृढ़ आधार ।।
आदमी होता आशावान
महत्त्वाकांक्षा मन में लिए ।
किन्तु यदि हो सम्यक् संकल्प
जिए ऊँचे स्तर पर जिए ।।
मनुज की आकांक्षा हो उच्च
और हो उसके यकदम योग्य ।

इसे कहते सम्यक् संकल्प
यही सुगठित जीवन के भोग्य ।।
सुनो सम्यक् वाणी का अर्थ
आदमी बोले नहीं असत्य ।
न निन्दा करे और की कभी
न झूठा करे प्रचारिक कृत्य ।।
न गाली दे औरों को कभी
ना करे कठिन कभी व्यवहार ।
बुद्धि संगत हो सार्थक वचन
और हो विनम्रता संचार ।।
न्याय संगत हो सारी बात
न हो कोई भी उससे त्रस्त ।
स्वयं भी रहे न वह भयभीत
दूसरे भी न रहें भयग्रस्त ।।
व्यक्ति को नहीं व्यक्तिगत लाभ
न यह है विशिष्ट जन आदेश ।
न ऐसा मापदंड लें मान
सुनो पव्रिाजक यह संदेश ।।
और अब यह सम्यक् कर्मान्त
सिखाता योग्य करें व्यवहार ।
करें हम ऐसे जग में कर्म
दूसरों के न मिटें अधिकार ।।
कार्य जीवन के जो हैं नियम
समन्वय उनसे हरदम करें ।
यही होता है सम्यक् कर्म
इसे हम उरु अंतर में धरें ।।
व्यक्ति जीवन जीने के लिए
ग्रहण करता आजीविक ढंग ।

ढंग कुछ होते यकदम भले
और कुछ बुरे अलग दो रंग ॥
बुरे वे होते जिनसे हानि
दूसरों को होती है जहाँ ।
न हो नुकसान किसी का कभी
जीविका सम्यक् साधो यहाँ'' ॥
बुद्ध ने कहा, ''सुनो प्रियबंधु
एक पथ है सम्यक् व्यायाम ।
अविद्या के विनाश के लिए
यत्न का यह पहला आयाम ॥
वहाँ तक कैसे पहुँचे मनुज
कष्टदायक जो कारागार ।
सिर्फ यह है सम्यक् व्यायाम
बनाकर मार्ग खोलता द्वार ॥
चार होते इसके उद्देश्य
एक, अष्टांगिक मार्ग विरोध ।
चित्त वृत्ति की ठहरे उत्पत्ति
रहे उस पर पूरा अवरोध ॥
दूसरा, चित्तवृत्ति वह दबे
हुई जो सहज स्वयं उत्पन्न ।
चित्त को एकाग्रित यह करे
बनाये मानव मन सम्पन्न ॥
तीसरा, ऐसी चित्त प्रवृत्ति
करे उत्पन्न जगाये चाह ।
करे आवश्यक सारी पूर्ति
चाहती जो अष्टांगिक राह ॥
और चौथा, ऐसी उत्पन्न
चित्तवृत्तियों में कर दे वृद्धि ।

ताकि उनका हो और विकास
यही सम्यक् व्यायामिक शुद्धि ॥
सुनो सम्यक् स्मृति का अर्थ
करो हर एक बात पर ध्यान ।
रहे मन सतत् जागता सदा
पनपता रहे ज्ञान-विज्ञान ॥
उठे अकुशल विचार यदि कभी
नियंत्रण सम्यक् स्मृति करे ।
वही बन सकता मानव बुद्ध
निरंतर अष्टमार्ग मन-धरे ॥
सम्यक् दृष्टि सम्यक् संकल्प
सम्यक् वाणी सम्यक् कर्म ।
सम्यक् जीविका सम्यक् व्यायाम
सम्यक् स्मृति सात ये मर्म ॥
प्राप्त करना चाहता जो मनुज
उसे रखना होगा अतिधीर ।
विघ्न भी पाँच और तुम सुनो
राह में आयेंगे गंभीर ॥
अनिश्चय, लोभ, द्वेष, आलस्य,
विचिकित्सा ध्यान लगा कर सुनो ।
कठिन हैं बहुत कठिन ये पाँच
तोड़ना आवश्यक है गुनो ॥
तोड़ने का उपाय है एक
कहा है उसको मित्र समाधि ।
किन्तु केवल समाधि से नहीं
नष्ट हो सकती मन की व्याधि ॥
समाधि कर सकती मन एकाग्र
विघ्न पाँचों मिट सकते मित्र ।

अवस्था यह स्थायी नहीं
लगेगा शायद तुम्हें विचित्र ।।
चित्त में स्थायी बदलाव
सिर्फ सम्यक् समाधि कर सके ।
इसे भावात्मक स्थिति कहो
व्याधि के सकल आवरण ढके ।।
बनाये मन ऐसा यह कुशल
कर्म एकाग्र चित्त के साथ ।
निरंतर चिन्तन का अभ्यास
करे यह चित्त सतत् दिन-रात ।।
अतः सम्यक् समाधि वह राह
सतत् जिस पर मनुष्य यदि चले ।
बुराई से वह रह कर दूर
करेगा काम निरंतर भले ।।
भला ही सोचेगा हर घड़ी
भला ही होगा उसका ज्ञान ।
स्वयं के साथ-साथ वह मित्र
करेगा जग का भी कल्याण ।।

सम्यक् संकल्प, दृष्टि सम्यक् सुनो हे मित्र
सम्यक् आजीविका, सम्यक् समाधि हो ।
सम्यक् व्यायाम और वाणी भी सम्यक् हो
सम्यक् हो स्मृति, कर्म सम्यक् बे व्याधि हो ।।

इसे कहते अष्टांगिक मार्ग
बुद्ध ने सहज किया स्पष्ट ।
यही मेरा अन्वेषण सुनो
मिटायेगा यह मानव कष्ट ।।

❋

शीलमार्ग

''शील या सदगुण है इक पंथ
बुद्ध ने समझाया फिर और ।
''भेद दस सदगुण के तुम सुनो
करे अभ्यास मनुज इस तौर ।।
उपेक्षा, शील, दान, नैष्क्रम्य
करुणा, शान्ति, सत्य, अधिष्ठान ।
मैत्री और वीर्य के साथ
इन्हें लो परिव्राजक पहचान ।।
शील नैतिकता होती बंधु
न अकुशल करने की है वृत्ति ।
बुराई करने में भय लगे
कुशल करने की जगे प्रवृत्ति ।।
लाज भय के कारण सद मित्र
पाप से बचना करके यत्न ।
इसे ही हम कहते हैं शील
श्रेष्ठ यह बुद्ध धर्म का रत्न ।।
सृष्टि में काम भोग का त्याग
सुनो यह नैष्क्रम्य का अर्थ ।
बिना इसके जीवन में कहीं
न होगा कोई कभी समर्थ ।।
किसी भी स्वार्थपूर्ति के बिना
करे धन दौलत अपनी दान ।
रक्त अपने शरीर के अँग
यहाँ तक प्राण करे बलिदान ।।

इसे ही हम कहते हैं दान
यही है श्रेष्ठ शील का तत्त्व ।
दान के बिना अत्यधिक कठिन
प्राप्त करना जग में बुद्धत्त्व ।।
वीर्य का मतलब सम्यक् यत्न
कर्म करने का निश्चय करें।
करें फिर पूरा करके कौल
न पग फिर पीछे अपना धरें ।।
घृणा से घृणा न मिटती कभी
शान्ति का क्षमाशीलता अर्थ ।
प्रेम तुम हर प्राणी से करो
गंवाओ मत यह जीवन व्यर्थ ।।
सत्य का मतलब बोलें सत्य
मृषावादी न बनो हे मित्र'' ।
बुद्ध ने मंद-मंद मुस्करा
सत्य का खींचा ऐसा चित्र ।।
''और अब अधिष्ठान का अर्थ
लक्ष्य पाने का दृढ़ संकल्प ।
न भटकोगे यह मेरा कथन
कथन है सत्य नहीं है गल्प ।।
सुनो करुणा का बहुत महत्त्व
करो हर प्राणी से तुम नेह ।
नेह में मिली हुई हो दया
दया करुणा का असली गेह ।।
मैत्री का मतलब है मित्र
भावना भ्रातृभाव की रहे ।
शत्रु भी समझो अपना मित्र"
बुद्ध ने वचन इस तरह कहे ।।

"उपेक्षा अनाशक्ति का रूप
दूसरों के सुख-दुख से परे ।
चित्त की रहे अवस्था सदा
न प्रिय अप्रिय में अंतर करे ॥
रहे साधन में मन नित लीन
रहे फल जैसा वैसा रहे ।
न हो मानव पथ में भयभीत
कष्ट हँस-हँस कर सहता रहे ॥
आदमी यथायोग्य सामर्थ्य
सदगुणों का कर ले अभ्यास ।
पारमिता भी कहते हैं इन्हें
बुझाते ये जीवन की प्यास" ॥

बुद्धत्त्व

व्याख्या सहित धर्म उपदेश
दिया फिर प्रश्न बुद्ध ने किए ।
हुए परिव्राजक तुरत सचेत
प्रश्न सुनकर तब उत्तर दिए ।।
"आदमी के चरित्र की शुचित
विश्व का कल्याणक आधार" ।
बुद्ध ने प्रश्न इस तरह किया,
"नहीं क्या बतलायें यह सार" ।।
एक स्वर में परिव्राजक सभी
सहज ही बोले उत्तर दिया ।
"हाँ यही ऐसा ही है सत्य"
बुद्ध ने प्रश्न दूसरा किया ।।
"राग, हिंसा, चोरी, व्यभिचार
ईर्ष्या, असत और अज्ञान ।
चरित की शुचिता करते नष्ट
क्या नहीं है यह सत्य प्रमाण ।।
व्यक्तिगत पवित्रता के लिए
क्या नहीं यह आवश्यक बात ।
रहे इतनी चारित्रिक शक्ति
बुराई के न रहे जो साथ ।।
व्यक्तिगत जो है नहीं पवित्र
करे वह कैसे जन कल्याण" ।
"हाँ यही" ऐसा उत्तर मिला
गये परिव्राजक यह भी मान ।।

''दूसरा उसके वश में रहे
आदमी क्यों चाहता किसलिए ।
दास बनकर नित सेवा करे
उसी के लिए निरंतर जिए ।।
दूसरों के सुख-दुख की तनिक
क्यों नहीं करता वह परवाह ।
क्या नहीं करता वह इसलिए
योग्य व्यवहार परस्पर ढाह'' ।।
''हाँ यही ऐसा ही है सत्य''
सुना उत्तर फिर बोले बुद्ध ।
''बताओ तो अष्टांगिक मार्ग
नहीं जीवन यापन में शुद्ध ।।
चलें इस पथ पर तो क्या सुनो
न होगा दानवता का अन्त ।
परस्पर जो होता अन्याय
नहीं क्या उसका होगा अंत'' ।।
''हाँ यही ऐसा ही है ठीक''
बुद्ध ने प्रश्न और फिर किए ।
''अभावग्रस्तों का हो नित भला
दरिद्र की दरिद्रता के लिए ।।
और करने को जन कल्याण
नहीं क्या आवश्यक है दान ।
ज़रूरत क्या करुणा की नहीं
जहाँ है कष्ट, दरिद्र, अज्ञान ।।
कर्म निस्वार्थ भाव से करे
चाहिए क्या न भाव निष्काम ।
व्यक्तिगत लाभ न कुछ भी मिले
प्रयत्नरत रहे सुबह औ' शाम ।।

उपेक्षा तब आवश्यक नहीं''
प्रश्न पर प्रश्न बुद्ध ने किए ।
सिर हिला ''हाँ-हाँ'' कह हर बार
सहज ही सबने उत्तर दिए ।।
''मनुज से मनुज करे नित प्रेम
नहीं क्या यह आवश्यक बात ।
मधुर मुस्कान समेटे हुए''
''हाँ'' कहा सबने सहज हटात् ।।
''और इससे बढ़ आगे और
कह रहा सुनो लगाकर ध्यान ।
प्रेम करना न बहुत पर्याप्त
मैत्री करना सच्चा ज्ञान ।।
मैत्री मात्र मनुज से नहीं
मैत्री हर प्राणी के संग ।
बताता हूँ वह आगे सुनो
और सीखो जीवन का ढंग ।।
मिले हर मनुष्य को सुख सदा
चित्त हो पक्षपात से दूर ।
घृणा हो कभी किसी से नहीं
सभी के लिए प्रेम भरपूर ।।
कहा ''हाँ'' परिव्राजक चुप हुए
बुद्ध बोले फिर आगे और ।
"आचरण में ये सदगुण रहें
जुड़े प्रज्ञा भी इनके ठौर ।।
प्रज्ञा क्या आवश्यक नहीं"
बुद्ध ने प्रश्न और यह किया ।
रहे परिव्राजक यकदम शान्त
बुद्ध ने तब फिर उत्तर दिया ।।

"आदमी भला उसे ही कहें
बुरे जो काम न हरगिज़ करे ।
न सोचे बुरा, न बोले बुरा
कमाये शुद्ध उदर फिर भरे ।।
किसी को कभी न दे तकलीफ़"
कहा "हाँ" परिव्राजक चुप रहे ।
मधुर मुस्काकर देखा और
प्रश्न कुछ और बुद्ध ने कहे ।।
"सुनो सत्कर्म यहाँ पर मित्र
करें हम नेत्रहीन की तरह ।
नहीं, मैं कहता हरगिज़ नहीं
ज़रूरत है करने की जिरह ।।
एक छोटे बच्चे को सदा
कहेंगे हम सब यकदम भला ।
क्योंकि वह नहीं जानता देह
लात वह सिर्फ जानता चला ।।
जानता वाणी तक वह नहीं
सिर्फ चिल्ला सकता है मित्र ।
मुदित हो किलकारी भर उठे
लगे वह सिर्फ चित्र-सा चित्र ।।
जीविकोपार्जन से अनभिज्ञ
दूध माँ की छाती से पिए ।
तरीका बुरा जानता नहीं
स्वयं जैसा चाहे वह जिए ।।
इसलिए सदगुण का अनुशरण
प्रज्ञापूर्वक तुम सब करो ।
एक कारण है इसका और
ध्यान उस पर भी प्रियवर धरो ।।

दान है अति आवश्यक मित्र
बिना प्रज्ञा हो सकता व्यर्थ।
साथ करुणा आवश्यक सुनो
बिना करुणा प्रज्ञा बेअर्थ ।।
इसे हम कहते निर्मल बुद्धि
प्रज्ञा पारमिता है यही ।
अन्य जो पारमितायें और
कसौटी इसकी पर हों सही ।।
कौन-सा अकुशल होता कर्म
आदमी को हो इसका ज्ञान।
कर्म अकुशल की क्या उत्पत्ति
कुशल क्या कर्म इसे लें जान ।।
कुशल-अकुशल कर्मों में भेद
जानना बिलकुल नहीं विचित्र ।
कसौटी पर कस कर लो देख
एक प्रज्ञा सद्‌गुण है मित्र" ।।
बुद्ध ने फिर समझाकर कहा
"सुनो हो सकता ऐसा और ।
धर्म यह लगे निराशावाद
क्योंकि है और हमारा तौर ।।
आदमी का आकर्षित ध्यान
आदमी के दुक्खों की ओर।
खींचता हूँ पर यह भी सुनो
दुक्ख मिट जाये इस पर ज़ोर ।।
मनुज जीवन का क्या उद्देश्य
निहित है इसमें प्रियवर सुनो ।
और आशा का भी संदेश
इसे भी ध्यान लगाकर गुनो ।।

दुक्ख अर्थात् सिर्फ अज्ञान
अविद्या भी कह सकते इसे ।
दुक्ख नाशक यह मेरा धर्म
दुक्ख अच्छा लगता है किसे ।।
कहो, क्या तुम सब सहमत हुए''
बुद्ध ने संयत होकर कहा ।
सभी प्ररिव्राजक बोले तुरत
''हमारा उत्तर हाँ में रहा'' ।।
और फिर बोले आगे और
''खुल गये मुँदे हमारे चक्षु ।
समर्पण हम पाँचों कर रहे
बना लें हमको अपना भिक्षु'' ।।